# 대한민국에서
# 디자이너로 살기

### 사수는 알려주지 않는
### 디자이너 생존법

**이원찬**
지음

BOOKEND

# Table of Contents
목차

## Layer 1.
## 디자이너 되기

as a

designer

in korea

↑

how to survive

대한민국에서 디자이너로 생존하기: 시스 극내 입자수잡장 드디자이너로 생존법

# 이원찬

## Wonchan Lee

디자이너, 콘텐츠 크리에이터, 교육자, 크리에이티브
디렉터.
호주 RMIT(로열 멜버른 공과대학교. Royal Melbourne
Institute of Technology) 대학교에서 시각 디자인
전공 후 한국으로 돌아와 디자인 스튜디오
'미니멀리스트'를 창립했다.
열악한 대한민국 디자인계의 처우 개선을 위해 7만
구독자 유튜브 채널 '디고디원찬'을 운영하고 있으며,
겸임교수 10년의 경력을 바탕으로 디자인 교육과
콘텐츠 제작에 힘쓰고 있다.

디자인 스튜디오 minimalist.kr
인스타그램 @dgodwonchan
유튜브 @wonchan
네이버 카페 cafe.naver.com/dgod
홈페이지 wonchanlee.com

## Layer 2.
## 디자이너로 살기

# Table of
# Contents

목차

## Layer 3.
## 디자이너로 일하기

# 추천의 말
## Foreword

한마디로 표현한다면 이래도 되나 싶을 정도로 '솔직하다.' 사물의 겉모습만 보는 것이 아니라, 그 안의 의미를 끌어내어 표현하고 사람들을 설득할 수 있는 디자이너가 될 수 있도록 자신을 0에서부터 다듬어 갈 수 있게 만들어주는 책이다. 특히, 현업자이기 때문에 더 예민할 수 있는 비용을 비롯한 실질적인 문제들을 유쾌하게 풀어낸 내용들은 이제 막 발걸음을 내딛는 초년생들이 놓치면 안 될 부분이라 확신한다.

**존코바** | 모션 그래픽 디자이너, 유튜버

내가 생각하는 책이란 장소와 시간에 구애받지 않고 다른 사람의 전문 지식과 스토리를 통해 언제 어디서든 나를 한층 더 성장시킬 수 있는 원동력이다. 이런 의미에서 ≪대한민국에서 디자이너로 살기≫는 정말이지 책다운 책이다.

이원찬 디자이너의 글을 읽으며 디자인을 바라보는 그의 관점과 다채로운 생각에 연신 공감하고, 놀라움과 희로애락을 느꼈다. 1인 스튜디오, 인하우스, 프리랜서, 학생 등 디자이너라면 누구나 공감하고 즐겁게 읽을 수 있을 만한 책이다. 이 책이 앞으로 성장하는 많은 디자이너에게 지식과 경험의 차원에서 길잡이가 되었으면 한다.

**마디아** | UI, UX 디자이너, 유튜버


현장에 나와보면 누구나 느끼는 것들이 있다. 그중 하나는 디자인을 아름답게 잘하는 방법은 힘들게 배웠는데 정작 어떻게 살아남는지에 대해서는 잘 배우지 못했다는 것이다. 포토샵보다 더 먼저 알아야 할 것이 업계의 생태이다. 업계의 생태를 모른다면 밤을 새워 가면서 갈고닦아온 우리의 노력은 빛을 보지도 못하고 처참하게 묻히게 될 것이다. 그런 면에서 ≪대한민국에서 디자이너로 살기≫는 현업이라는 길 위에 선 예비 디자이너, 혹은 방황하고 있는 디자이너들에게 나침판이 되어줄 책이다.

**빨간고래** | 일러스트레이터, 유튜버

대한민국의 디자이너라면 한 번쯤 그의 유튜브 채널을 접해 봤을 것이다. ≪대한민국에서 디자이너로 살기≫는 디자이너 이원찬이 그동안 콘텐츠로 소개한 주옥같은 내용들부터 필드에서 직접 체험하며 터득한 실무 경험 노하우와 어디서도 알려주지 않는 현실 꿀팁 등 유용한 정보들까지 총망라한, 한마디로 '종합선물 세트'라고 보면 된다.

그의 유튜브 채널에 초대받아 출연했을 때 디자인에 대한 관점이나 가치관이 정말 비슷해서 놀랐는데 이 책을 읽으면서도 무릎을 '탁' 칠 정도로 많은 부분에 공감했다. 그가 강조하는 '디자인을 사랑하는' 사람은 물론이고, 매너리즘에 빠졌다가 그 사랑을 다시 찾고 싶어 하는 모든 이에게 자신 있게 권한다.

**박영하** | 전 스타벅스 크리에이티브 디렉터, 한국예술종합학교 겸임교수


한 분야의 전문가로서 스스로 부딪혀 깨우친 노하우와 경험을 나눈다는 건 결코 쉽지 않은 일입니다. 경험하는 것만을 넘어 경험에 대해 치열하게 고민하고 정리해서 많은 사람에게 꾸준하게 그리고 아낌없이 주는 나무 같은 존재가 된다는 것이 얼마나 어렵고 대단한 일인지 이원찬 디자이너를 통해 알게 되었습니다.

이원찬 디자이너의 시작부터 지금까지 옆에서 지켜본 사람으로서

≪대한민국에서 디자이너로 살기≫는 읽는 모든 분에게 분명 아주 멋진 영감과 알찬 지식을 듬뿍 줄 것이라 확신합니다.

**백윤화** | 캐릭터 디자이너, FUNPPY 스튜디오 대표

# 프롤로그
## Prologue

어쩌면 책의 제목을 보고 조금은 의아해하실 분들이 계실지도 모르겠습니다. 시쳇말로 '있어 보이는' 화려한 미사여구를 가진 제목을 생각해 보기도 하였으나, 저는 '디자이너로 살기', 즉 디자이너로 '사는 것'이야말로 이 책을 가장 간단하고 명료하게 표현한다고 생각했습니다. 그리고 무엇보다도 "디자이너로 살아라!"는 제가 여러분께 당부하고자 하는 말 그 자체이기도 합니다.

국립국어원은 '살다'라는 말을 다음 여덟 가지의 뜻으로 정의합니다.

1. "생명을 지니고 있다."

제가 생각하는 디자이너는 항상 몸과 마음, 그리고 가슴이 깨어있는 사람입니다. 죽은 정신으로는 올바른 디자인을 할 수 없습니다.

## 2. "불 따위가 타거나 비치고 있는 상태에 있다."

대한민국에서 디자이너로 '살기', 특히 '오랫동안' 살아남기는 쉽지 않습니다. 우리는 타오르는 열정과 함께 디자인과에 입학합니다. 그리고 졸업 후 디자이너로서 설레는 마음으로 사회에 첫 발을 내딛지만 그 열정이 긴 시간 지속되기는 어렵습니다. 이 책에서는 여러분이 가진 그 불씨가 오랫동안 '살' 수 있는 메시지를 전달하고자 합니다.

## 3. "본래 가지고 있던 색깔이나 특징 따위가 그대로 있거나 뚜렷이 나타나다."

그리고,

## 4. "성질이나 기운 따위가 뚜렷이 나타나다."

디자이너는 불현듯 떠오르는 영감으로 작업을 하는 예술가라기보다는, 주어진 업무를 디자인의 언어로 표현하고 수행하는 회사원에 더 가깝습니다. 하지만 회사원이라고 해서 자신만의 개성이 없다는 뜻은 결코 아닙니다. '나의 개성과 색깔'이 없는 디자이너는 이 일을 오래 하기도, 좋은 곳에서 일하기도 쉽지 않습니다.

## 5. "마음이나 의식 속에 남아 있거나 생생하게 일어나다."

마틴 스코세이지 감독은 "가장 개인적인 것이 가장 창의적인 것"이라고 했습니다. 디자이너는 핀터레스트나 비핸스와 같이 온라인상에서 '누군가 만들어 놓은 디자인에서만' 영감을 받아서는 안 됩니다. 훌륭한 디자인은 '자신만의 살아있는 경험'으로부터 출발하며, 그 경험은 우리 생활 속에서 언제나 생생하게 살아 있어야 합니다.

## 6. "움직이던 물체가 멈추지 않고 제 기능을 하다."

직업인으로서 디자이너의 수명은 짧은 편에 속합니다. 그래서인지 제 영상 중 40대 이후 디자이너의 삶을 다룬 영상은 항상 많은 관심을 받아왔습니다. 영상 제작을 위해 40대 이상의 여러 디자이너분들과 인터뷰를 했는데, 실제로 자의든 타의든 마흔을 기점으로 디자인을 그만두고 다른 일을 하는 경우가 많다는 걸 알 수 있었습니다.

여러분이 멈추지 않고 이 일을 오랫동안 할 수 있길 바라는 마음으로, 또 실제 마흔이 넘은 나이에도 아직 필드에서 활발하게 활동하는 동료 디자이너로서 제가 오랜 시간 동안 멈추지 않고 디자인을 할 수 있었던 이야기들을 들려드리려고 합니다.

**7. "경기나 놀이 따위에서, 상대편에게 잡히지 않고 제 기능을 하다."**

〈2023 디자인산업통계 총괄보고서〉에 따르면 2022년도 기준 디자인과 졸업생은 20,382명이고 그중 12,188명이 취업한 것으로 나타났습니다. 매해 1만 명이 넘는 디자이너가 사회로—말 그대로—쏟아져 나오고 있습니다. 경쟁은 불가피하며, 다른 디자이너나 국내외 업체에 밀리지 않고 자리를 지키기 위해, 더 나아가서는 우위를 점하기 위해 우리는 '살아남는' 방법을 알아야 합니다.

**8. "글이나 말, 또는 어떤 현상의 효력 따위가 현실과 관련되어 생동성이 있다."**

부모의 희망이나 사회적 의식(意識), 부와 명예 같은 외적인 요소가 직업 선택에 큰 영향을 끼치는 몇몇 직업들과 달리, 디자이너는 직업 선택의 기준에 있어 '자신의 의지'가 가장 중요하게 작용합니다.

대학교에서 처음 디자인을 배운 지 20여 년, 디자인 스튜디오를 운영한 지 11년, 대학교에서 겸임교수로 학생들을 지도한 10년의 시간까지. 디자인에 관련된 교육, 현업, 운영에 관련된 진짜 이야기를 들려드리는 것으로 여러분께 '살아 있는' 경험을 공유해 드리려고 합니다.

 이처럼 '살다'는 그 어떤 단어보다 본질적으로 디자인과 가까운 단어입니다. 그리고 제가 이 자리에 아직도 있을 수 있는 이유는 단지 '살아가는 것'에서 그치지 않고 현장의 경험과 경쟁을 거쳐 말 그대로 '살아남았기' 때문입니다.

 여러분이 디자인과로 진학을 희망하시든, 이미 학과에서 디자인을 공부하고 계시든, 누구보다도 치열하게 디자이너로서 살고 계시든, 혹은 디자이너로 이직을 생각하시든 저는 선배로서, 후배로서, 그리고 무엇보다 업계의 동료로서 여러분을 환영합니다. 그 어떤 일보다도 멋지고 아름다운 이 일을 선택하신 그리고 선택하실 여러분, 이 책은 오롯이 여러분을 위한 책입니다. 마음껏 즐겨주시고, '디자인'이라는 이름 안에서 가슴 뜨거워지는 시간 보내시기를 바랍니다.

becoming a designer

*Layer — 1.*                    **디자이너 되기**

# 이런 사람은 디자인 하기 힘듭니다

*Someone hard to be a designer*

디자인 분야에 첫 발을 디딘 지 어느덧 20년이 지났다. 호주에서 디자인을 공부한 후 한국에 들어와 10년 넘게 디자인 스튜디오를 운영하고, 지난 10년 동안 학교에서 수많은 학생들을 가르치고, 유튜브 채널을 운영하며 정말 많은 디자이너와 디자이너 지망생들을 만났고 그들의 고민을 지금도 듣고 있다.

그러면서 알게 된 것은 디자이너를 꿈꾸는 사람뿐만 아니라 적지 않은 디자이너들이 디자이너라는 직업에 대한 오해를 갖고 있다는 것이다. '디자이너'라는 단어는 누가 들어도 매력적으로 들릴 수 있다. 흔히 말하듯 '있어 보인다'고나 할까? 어쩐지 멋있을 것 같고, 남들보다 화려한 삶을 살 거라고 생각할 수 있지만, 실상은 전혀 그렇지 않다.

현실과 사뭇 다른 디자이너에 대한 오해를 풀기 위해 실무자로서 느끼는 '이런 사람은 디자이너 하면 정말 후회한다' 하는 네 가지

유형에 대해 말해 보려고 한다. 막연하게 디자이너를 꿈꾸거나, 디자이너로서의 일이 너무 힘들게 느껴지는 사람들에게 도움이 되길 바라는 마음이다.

## 예쁘고 아름다운 것만 만들고 싶은 사람

물론 예술뿐만 아니라 디자인에서도 순수한 아름다움을 추구하는 경우가 있지만, 정말 솔직하게 대한민국에서는 순수한 심미성과 조형적 아름다움만을 추구하는 디자이너들이 살아남기 어렵다. 외국의 경우, 노년에도 디자이너로서의 확고한 세계관을 갖고 일하는 디자이너를 쉽게 볼 수 있고, 그러한 디자이너들이 많은 존경과 사랑을 받으며 오랫동안 창작 활동을 할 수 있는 여건이 마련돼 있다. 설사 그들의 디자인이 심미성을 강조하여 기능적으로 조금 아쉬운 부분이 있더라도 사람들은 여전히 그 디자인에 열광한다.

하지만 대한민국에는 그렇게 오랫동안 활동하는 디자이너가 드물기도 하고, 환경과 사회적 인식이 외국과는 다른 부분이 많아서 자신만의 디자인관, 세계관만으로 디자인계에서 성공하기 매우 어렵다.

더불어 AI 기술의 발전도 '디자이너'의 역할 변화에 큰 영향을 미치고 있다. 디자이너'만' 할 수 있을 것 같던 역할을 AI가 쉽게 대체하고 있으며, 누구든지 조금만 배우면 상업적으로도 충분히 사용 가능한 결과물을 만들어준다. 그렇기에 단순히 '예쁘고 아름다운 것'을 만들고 싶어서 디자이너란 직업을 선택한 사람들은 앞으로 더 살아남기 어려울 것이라 확신한다.

## 노동을 싫어하는 사람

디자이너가 하는 일에 대해 잘 알지 못하는 사람에게 '디자이너를 생각하면 무엇이 떠오르냐'고 물어보면 대부분 이렇게 답할 것이다. 좋은 옷을 입고, 맥북을 들고 스타벅스에 가서 작업을 할 것 같은 사람?

미디어에서는 종종 디자이너를 고상하고 세련된 일을 하는 사람으로 비추기 마련이지만, 이것이야말로 미디어가 만들어 낸 전형적인 허상이라 할 수 있다.

인테리어 디자이너가 일하는 현장은 말 그대로 '공사판'이다. 그들은 컴퓨터로 도면을 그리는 것뿐만 아니라 먼지를 뒤집어쓰고, 옷에 페인트를 묻혀가며 작업하고 무거운 물건을 나르는 등 말 그대로 '육체적인 노동'에 가까운 일을 한다. 패션 디자인도 크게 다르지 않다. 혹시 영화 〈악마는 프라다를 입는다〉의 한 장면을 상상했다면 이 또한 환상에 불과하다. 패션 디자이너의 옷에는 항상 실밥이 붙어 있고, 손은 옷핀에 찔려 피와 상처로 가득하다. 만일 당신이 운송 디자이너라면 매일같이 사포질하며 목업 (Mockup)을 만드느라 손과 옷이 남아나지 않을 것이다.

디자인을 배우는 입장인 학생이라고 해도 상황은 별반 다르지 않다. 디자인과 학생들에게 '밤을 새운다'는 말이란 '오늘 밥 먹었어?'와 같이 익숙한 말이다. 물론 다른 과 학생들도 밤을 새워 공부하겠지만, 디자인과 학생들만큼 밤을 새우는 것이 일상의 자연스러운 한 부분은 아닐 것이다.

## 한 번 배운 기술로 평생을 살고 싶어하는 사람

디자인은 기술이다. 보통, 기술이라는 것은 한 번의 습득 이후 평생 동안 사용할 수 있지만 디자인은 아니다. 다른 분야도 마찬가지겠지만 디자인은 트렌드와 변화에 매우 민감하기 때문에 커리어를 이어가는 내내 지속적으로 공부해야 한다.

예를 들어 우리가 평양냉면집을 한다고 가정해 보자. 맛있는 평양냉면을 만드는 레시피를 배운 후에는 그 맛을 유지하기 위해 노력하기만 하면 된다. 단골들은 새로운 맛이 아닌 일정한 맛의 음식을 기대한다. 쉽게 말해 어느날 갑자기 새로운 메뉴를 개발한다고 평양냉면에 고추장을 풀면 그 누구도 좋아하지 않을 것이다(특히 단골들은). 이처럼 식당의 경우에는 한 번 배운 기술만으로 평생을 살아가는 게 가능할 수 있지만 디자인은 다르다(물론 어느 직업이든 한 번 배운 기술을 계속 유지하기 위한 노력이 필수라는 사실은 공감한다).

일례로 예전에 퀵익스프레스(Quark Xpress)라는 편집 디자인 프로그램이 있었다. '편집 디자인=퀵익스프레스'[1]라고 생각할 정도로 그 프로그램은 교과서 같은 존재였다. 그런데 지금은 어떨까? 현재는 인디자인(InDesign)이 퀵익스프레스의 자리를 완벽하게 대체했다. 편집 디자인의 큰 축이었던 퀵익스프레스가 그렇게 역사의 저편으로 사라지다니…. 나에게는 적지 않은 충격이었다.

3D 디자인도 마찬가지로 예전엔 마야(Maya)나 맥스(Max)를 썼다면, 지금은 C4D(Cinema 4D)나 블렌더(Blender)가 대세가 되었다. 이처럼 새로운 프로그램이 기존 프로그램을 대체하는 건 편집, 3D 디자인뿐만이 아니다. 지금도 하루가 멀다 하고 새로운 대체 프로그램들이 나오고 있고, 앞으로도 계속 그럴 것이다.

---

[1] 디자이너들이 맥을 사용하는 이유 중 하나이기도 했다. 초기의 퀵익스프레스 프로그램은 맥에서만 사용할 수 있었기 때문이다.

이 말은 곧 '새로운 기술을 공부하지 않으면 살아남을 수 없다' 는 것을 의미한다. 아무리 디자인 경력이 오래되었거나 실력이 뛰어나도, 설사 내가 조너선 아이브(Jonathan Ive)[2]처럼 저명한 디자이너일지라도 말이다.

## 공부하기 싫어하는 사람

디자이너는 공부 못하는 사람, 공부하기 싫어하는 사람이나 한다는 낭설이 있다. 하지만 아이러니하게도 디자이너는 공부와 매우 밀접한 직업이다. 끊임없는 공부가 필요한 건 다른 분야도 마찬가지겠지만, 트렌드가 워낙 빠르고 복잡하게 바뀌는 업계 특성상 디자이너는 지속적으로 공부하고 배우지 않으면 살아남기 어렵다.

트렌드는 단순히 오늘을 살아간다고 자연스럽게 습득되는 것이 아니다. 직접 경험하고 일일이 찾아보지 않으면 뒤처질 수밖에 없다. 그래서 경력이 많든 적든 디자인 공부는 계속해야 한다. 아무리 '잘 나가는 디자이너'라도 결코 트렌드로부터 자유로울 수 없다. 이 시대를 살아가는 사람들의 생활 방식이 어떻게

---

[2] 애플(Apple)의 전 최고 디자인 책임자(Chief Design Officer).

변화하고 있는지, 어떠한 환경적 변화를 겪고 있는지 자세히 알고 있지 않으면 도태될 수밖에 없다. 그렇다, 그래서 나는 공부하기 싫어하는 사람에게는 절대 디자이너라는 직업을 추천하지 않는다.

# 디자인과 예술의 차이
*The difference between design and art*

디자인과 예술은 무엇이 다를까? '디자인은 상업적이고, 예술은 비상업적이다?' 흔히들 알고 있는 '상업성'을 가지고 이 두 가지의 차이점을 설명하기란 불가능하다.

디자인을 하는 사람이라면 디자인과 예술의 차이를 명확히 이해해야 한다. 대학에서 학생들을 가르칠 때 자신이 하는 것이 디자인인지, 예술인지에 대한 개념이 분명하지 않은 학생들을 많이 볼 수 있었다. 디자인이 낫다거나 예술이 낫다고 하는 고리타분한 이야기를 하려는 건 아니다. 디자이너라면 디자인과 예술, 이 두 가지가 무엇이 다른지에 대한 이해가 필요하다. 디자인을 해야 하는 상황에서 예술을 하면 문제가 되고, 예술을 해야 하는 상황에서 디자인을 하면 문제가 된다. 내가 하는 것이 무엇인지부터 제대로 알아야 한다는 이야기이다.

표준국어대사전은 예술과 디자인을 다음과 같이 정의한다.

- 예술: 특별한 재료, 기교, 양식 따위로 감상의 대상이 되는 아름다움을
표현하려는 인간의 활동 및 그 작품.
- 디자인: 의상, 공업 제품, 건축 따위 실용적인 목적을 가진 조형 작품의
설계나 도안.

그런데 이 정의만 놓고 예술과 디자인을 구분하기란 쉽지 않다.
감상의 대상에 아름다움을 표현하는 건 디자인도 마찬가지이기
때문이다. 예를 들자면, 크리스챤 디올(Christian Dior)이
1947년도 S/S 컬렉션으로 선보인 '뉴 룩'(New Look)은 기존
의복의 실루엣으로부터 혁명적으로 변화된, 착용자를 아름답게
보이도록 하는 의상이다. 그렇다면 뉴 룩은 예술일까? 그렇지
않다.

앞서 언급했듯이 누군가는 예술과 디자인의 차이를 상업적인
것과 비상업적인 것으로 이야기하는데 그것도 틀린 말이다. 앤디
워홀(Andy Warhol)의 작품만 봐도 알 수 있다. 앤디 워홀은 그
누구보다도 상업적인 작가였지만 동시에 훌륭한 예술가로, 그의
작품은 훌륭한 예술품으로 인정받는다. 또 이탈리아 디자인계의
대부라고도 불리는 알레산드로 멘디니(Alessandro Mendini)가

디자인한 와인 오프너 '안나G'(Alessi Anna G corkscrew)와 그가
디자인한 여러 작품들은 디자인 상품이라는 기준을 넘어 예술적
가치를 인정받았다. 따라서 디자인과 예술을 상업성을 기준으로
나누는 것은 바람직하지 않다. 돈을 벌고 싶으니 디자인을 하고,
예술을 하면 무조건 가난해진다고 이분법적으로 생각하는 것이
올바르지 않은 것도 같은 맥락이다.

　예전에 유튜브 구독자분들과 디자인 살롱을 진행한 적이
있다. 그때도 역시 이 주제에 대해서 이야기했는데, 한 분께서
"디자인과 예술의 차이는 창작의 동기가 외부에 있느냐 내부에
있느냐에 따라 다르다."라고 정의해 주셨다. 쉽게 말해 예술은
그 활동의 주체가 '나'(내부)이지만, 디자인은 '클라이언트'(외부)
에 있다는 의미다. 처음 들었을 때는 이 간단한 개념으로 디자인과
예술의 차이를 정의할 수 있겠다고 생각했다. 하지만 곰곰이
생각해 보니 그것도 아니었다.

　디자인 어워드에 디자인을 출품한 적 있다면 양산형인지
콘셉트인지에 따라 출품 카테고리가 나눠진다는 것을 알 것이다.
양산형 디자인의 경우 실제 제작 및 판매되어 사람들이 이용하는
제품이나 서비스를 뜻한다. 하지만 모든 디자인이 양산을 목적으로
만들어지는 것은 아니다. 예를 들어, 프리랜서 디자이너가 어떤 제품을
사용해 본 후 불편한 점을 개선하고자 직접 디자인한다면 창작의

동기는 클라이언트(외부)가 아닌 자신(내부)에 있는 것이다. 그리고 그 디자인은 당연히 상업적인 목적과는 거리가 멀다. 따라서 창작 동기의 출발점만을 두고 디자인과 예술을 구분하는 것 또한 바람직하지 않을 수 있다.

그렇다면 디자인과 예술의 차이는 도대체 뭘까? 그건 바로 '문제 해결'이다.

커피를 마시고 싶지만 잔이 없는 상황을 가정해 보자. 바로 이 상황이 '문제'다. 우리는 이 문제를 해결하기 위해 커피를 담을 수 있는 잔을 디자인해야 한다. 하지만 그 잔을 아무렇게나 디자인해서는 안 된다. 여러 가지 고려 사항이 있으나 그중 한 가지는 잔의 '소재'이다. 커피잔은 뜨거운 커피를 담았을 때 열에 녹지 않는 소재로 만들어야 하며, 때문에 일반 플라스틱보다는 열에도 강한 소재인 스테인리스 등이 더 적합하다. 여기서 한 가지 문제가 더 생긴다. 스테인리스는 열에 강한 대신 열전도율 역시 높아 뜨거워진 잔을 잡다가 손을 델 위험이 있다. 이 문제는 손잡이를 만들거나 소재를 변경하는 방법 등으로 해결할 수 있는데, 이렇듯 문제를 해결하는 수많은 '과정'과 그 과정을 통해 나온 '결과물'이 곧 디자인이다.

물론 잔을 아름답게 만드는 것도 디자인의 일부지만, 예쁘기만
하고 실용성이 떨어지는(=문제를 해결하지 못하는) 것은 디자인이
아니라 그냥 예쁜 쓰레기를 만드는 것에 가깝다. 표현이 조금 거칠
지만 사실이다. 정리하자면 디자인은 클라이언트(외부) 혹은 디자
이너 스스로(내부)가 '문제를 해결하기 위해 거친 과정과 그 과정
을 통해 만든 결과물'인 셈이다. 반면, 예술은 이처럼 실용적인 문제
를 해결할 필요가 없는 순수한 창작활동에 가깝다.

이외에도, 혹자는 예술을 손수 그리거나 깎는 것, 디자인은
디지털 작업을 통한 것이라고 구분 짓는데 전혀 그렇지 않다.
중요한 것은 '목적'일 뿐 창작의 매체는 중요하지 않다.


디자인과 예술 모두 존중받아 마땅한 분야다. 중요한 것은
내가 지금 하는 것이 디자인인지 예술인지를 정확히 파악하는
것이다. 다시 말하지만, 디자인을 해야 하는 때에 예술을 하거나,
예술을 해야 하는 때에 디자인을 하면 문제가 생긴다. 내가 지금
하는 것이 과연 디자인인지 예술인지, 분명한 목적을 가지고
창작하는 자세가 필요하다. 그러니 진정한 디자이너로 거듭나고
싶다면 눈으로 보기에 아름다운 것만을 추구하지 말고, 직접
경험하며 문제를 해결하는 태도를 갖추기 위해 부단히 노력해야
함을 잊지 말길 바란다.

# 유능한 비전공자 디자이너가 되려면

*To become a competent non-major designer*

　대부분의 비전공자가 디자이너가 되기 위해 가장 먼저 하는 일은 포토샵이나 일러스트레이터, C4D 등 디자인 프로그램을 배우기 위해 학원에 가는 것이다. 디자이너라면 관련 분야의 툴을 잘 다룰 줄도 알아야 하지만 툴만 다룰 줄 아는 것만으로는 디자이너가 될 수 없다. 그럼 어떻게 해야 비전공자가 좋은 디자이너가 될 수 있을까? 이건 비단 비전공자에게만 해당하는 얘기는 아니니 유능한 디자이너가 되길 꿈꾼다면 주의 깊게 읽어보길 바란다.

## 툴러(Tooler)가 되지 마라

　비전공자가 디자이너가 되기 위해 필요하다고 생각하는 것 중 가장 큰 오류는 포토샵과 일러스트레이터만 배우면 디자이너가 될 수 있다고 생각하는 것이다. 일반인들도 마찬가지다. 디자이너는 포토샵과 일러스트를 다루고, 3D 프로그램 돌려서 예쁜 거

만드는 사람들 아니야? 절대 아니다.

포토샵과 일러스트레이터 등 프로그램을 잘 다루는 사람은 좋은 툴러이지 좋은 디자이너는 아니다. 디자이너에게 툴은 자기 생각을 표현하는 수많은 도구 중 하나다. 스케치, 아이데이션 (Ideation), 마인드 매핑(Mind-mapping), 포토샵, 일러스트, C4D 등, 이것들은 전부 디자이너의 생각을 표현하는, 말 그대로 'Tool'(도구)이다.[3]

유튜브나 온라인 클래스 등으로 디자인 업계의 장벽이 낮아지고, 누구나 디자이너가 될 수 있는 시대가 되었다. 이에 더해 인공지능 기술의 발전으로 상당수 디자이너의 역할이 AI에 의해 빠르게 대체되고 있다. 이러한 세상에서 단순히 프로그램만 만지는 툴러는 당연히 살아남기 어렵다. 게다가 고작 3~4개월 학원 다니며 배운 실력으로 평생 디자이너로 먹고살려 한다? 어불성설이 아닐 수 없다.

그렇다면 디자이너가 되기 위해 갖춰야 할 소양은 무엇일까? 그건 바로 *디자인의 본질적인 의미를 알고, 디자인에 대한 자신만의 철학을 갖는 것*이다.

---

[3] 저명한 그래픽 디자이너 스테판 칸체프(Stefan Kanchev)는 실제로 어떠한 컴퓨터 프로그램도 사용하지 않고 디자인 작업을 하는 것으로 유명하다.

## 디자이너, 문제를 해결하는 사람

다시 한번 강조하지만 디자인은 '문제 해결'이다. 정확히는 문제 해결을 위한 고민에서부터 해결책을 제시하기까지 일어나는 모든 '과정'과 그 과정을 통해 만들어진 '결과물'이다. 디자인은 단순히 시각적으로 무언가를 멋있고 예쁘게 만드는 작업 그 이상이다. 시각적인 아름다움을 집중적으로 탐미하고 창작해 내는 일은 디자인이 아닌 예술(미술)이다.

디자인은 분명한 목적을 가지고 문제를 해결한다. 청소기 디자인을 예로 들어 보자. 청소기의 용도는 무엇일까? 먼지나 부스러기를 흡입하여 치우는 기계다. 때문에 청소기는 먼지나 부스러기를 잘 흡입할 수 있어야 하고, 사용자가 그것을 편리하게 사용할 수 있도록 고안돼야 하는 것이 최우선이다. 이러한 대전제가 갖춰진 후에 심미성 즉, 아름다운 디자인을 고민해야 한다. 단순히 예쁘고 귀엽게 만들고 싶다고 청소기를 고양이 모양으로 만든다면 이 역시 예쁜 쓰레기에 지나지 않을 것이다.

## 당신이 진짜 배워야 할 것

학생들을 지도하다 보면 종종 이런 경우가 있다.

"이 스타일의 타이포그래피를 좋아하는 걸 보니, 사이키델릭

아트(Psychedelic Art)⁴나 70년대 디자인에서 굉장히 많은 영감을
받았구나.”

“전 그냥 핀터레스트 보고 예쁘길래 따라 한 건데요.”

“…?”

믿기 힘들겠지만 자주 볼 수 있는 광경이다. 자신이 하는 디자
인이 무엇으로부터 영향을 받았는지도 모르고 ‘그냥’ 따라서 디자
인하는 것이다. 이 일의 심각성을 이해하기 쉽게 요리를 예로 들
자면, 소금의 짠맛과 액젓의 짠맛의 차이도 모르는 사람이 요리사가
된 것과 마찬가지다. 그런 사람이 어떻게 다양하고 깊이 있는,
실험적인 요리를 만들 수 있을까? 이처럼 근본을 아는 일은 매우
중요하다.

영감을 얻는 수단으로 유튜브도 좋고 비핸스(Behance)도
좋고 핀터레스트(Pinterest)도 좋다. 하지만 자신이 정말로 하고
싶은 분야의 디자인이 어떠한 역사적 배경을 가졌는지에 대한
최소한의 지식은 갖춰야 한다. 역사라고 하면 너무 어렵거나
고리타분하게 들릴 수도 있으나 그렇지 않다.

---

⁴ 히피의 영향을 받아 1960년대 후반에서 1970년대 유행하였던 문화로 환각제나 마약을 복용했을 때 일어나
는 환각 상태를 닮은 몽환적이고 다채로운 디자인, 예술 양식.

트로트를 하고 싶어 하는 가수 지망생이 나훈아 선생님을 모른다면? 트로트에 대한 이 사람의 진정성과 열정, 실력에 대해 당연히 의심할 수 있지 않을까? 디자인도 마찬가지다. 모션 그래픽 디자인을 한다면 솔 바스(Saul Bass)가 누군지, 그래픽 디자인을 하면 폴 랜드(Paul Rand)가 누군지, 제품 디자인을 하면 디터 람스(Dieter Rams)가 누군지, 자신이 몸담은 분야의 입지전적인 디자이너는 물론, 그 디자인들이 어떤 시대적 상황을 거쳐 변화해 왔는지 알고 있어야 한다.

처음부터 두꺼운 디자인 역사책을 사서 읽을 필요는 없다. 가볍게 나무위키나 위키피디아, 유튜브를 보며 공부하다가 조금 더 흥미가 생길 때 본격적으로 공부해도 늦지 않다.

## '나만의' 디자인 철학

그림을 잘 그리는 사람도 많고 툴을 잘 다루는 사람도 많지만 자신만의 디자인 철학을 가진 사람은 보기 드물다. 디자이너 개인뿐만 아니라 에이전시나 스튜디오 등 전문 디자인 회사들도 마찬가지다. 디자인을 '잘'하긴 하지만 자신만의 철학이 없는 디자이너는 무색무취에 가깝다. 잘하는 것 같긴 한데 포트폴리오엔 일관성이 없고, 무슨 디자인을 하는 건지 알기 어렵다. 심지어 '이걸 한 사람이 한 게 맞나? 외주로 한 건 아닐까?' 싶은 생각도 든다.

이런 디자이너의 포트폴리오는 표지만 다른 사람의 이름으로 바꿔도 전혀 이상할 게 없다. 이는 쉽게 대체될 수 있다는 걸 의미한다. 툴 다루는 실력만 믿고 유행하는 디자인만 쫓다 보면 포트폴리오는 중구난방이 되어 특색도 없으며, 경력이 있어 봤자 그 경력은 물경력이 되고 결국에는 같은 일을 더 싼값에 하는 디자이너에 의해 대체될 것이다.

브랜딩의 관점에서 보면 우리 스튜디오의 이름인 '미니멀리스트'(minimalist)[5]는 좋지 않은 이름인 게 사실이다. 'Apple'을 검색했을 때 과일이 아닌 기업이 우선 검색될 정도로 유명해지고 거대해지지 않는 이상, 일반적으로 자주 쓰이는 단어를 상표나 회사의 이름으로 하면 검색 순위 결과에서 밀려날 수밖에 없기 때문에 브랜딩의 관점에서 바람직하지 않다. 당연히 알고 있는 사실이었다. 미니멀리스트를 검색하면 스튜디오가 아니라 사전적 의미가 가장 먼저 나올 것이라는걸.

그런데 왜 하필 미니멀리스트였을까? 이것저것 써보고, 이게 좋을까? 저게 좋을까? 생각하며 수많은 후보를 구상했지만, 결과적으로 스튜디오의 이름은 '우리가 어떤 디자인을 하는지 가장 직관적으로 표현'해야 한다고 생각했다.

---

[5] 불필요한 것을 줄여 단순하고 간결한 생활 방식을 살아가는 사람들, 혹은 그것과 관련된 예술 양식.

다들 우리 포트폴리오를 보고 "이건 미니멀리스트가 한 것 같다."
라고 말한다. 이 말은 디자인을 잘했다 못했다를 떠나서 우리는
'우리의 색'을 가지고 있다는 걸 의미한다. 우연찮게 매번 비슷한
디자인을 했을까? 아니다. 애초부터 명확한 디자인 철학을 바탕으로
디자인이 이루어졌기 때문에 가능한 일이었다.

이 글을 읽고 있는 여러분도 생각해 봤으면 좋겠다. 내가 생각
하는 디자인은 무엇이며, 내가 하고 싶은 디자인은 무엇인지. 이
물음에 단번에 답할 수 없다면 진지하게 생각해 봐야 한다.

# 이토록 다양한 디자인의 세계
*A world of such diverse designs*

디자인을 향한 막연한 동경심을 갖고 이제 막 디자이너를 꿈꾸기 시작한 사람들은 디자인에도 여러 분야가 있다는 사실을 모르거나, 알더라도 분야마다의 특성을 잘 모를 수 있다. 실제로 내가 그랬던 것처럼 말이다.

나는 학창 시절 단순히 옷을 좋아한다는 이유로 패션디자인과에 입학했지만 3학년 때 시각디자인과로 전과했다. 패션 디자인에 대해 부끄러울 정도로 무지했고, 나와 맞지 않다는 것을 입학하고 나서야 비로소 알게 되었던 것이 그 이유였다. 지금의 나는 이런 시행착오의 경험을 통해 완성됐다고 생각하기에 그때의 선택을 후회하거나 그 시간이 헛되었다고 생각하지는 않지만, 진로를 결정하는 기점에 서 있을 때 여러 분야의 특징에 대해 잘 알았더라면 더 좋지 않았을까 하는 약간의 아쉬움을 갖고 있다.

그래서 미래의 디자이너들이 나와 같은 시행착오를 겪지

않았으면 하는 마음에 여러 디자인 분야와 디자인 학과에 관해 얘기해 보려 한다. 입시를 앞두고 진로를 고민하고 있거나, 전공과 맞지 않아 다른 디자인과로 전과를 고려하는 중이거나, 늦깎이로 디자인을 배우고 싶은 미래의 디자이너들에게 작게나마 도움이 되길 바란다.

과의 이름은 학교마다 조금씩 다를 수 있고, 모든 과를 다루기엔 무리가 있어 대표적인 과를 중심으로 다뤘다는 점을 밝힌다. 물론 관련 과를 졸업하지 않더라도 다른 분야로 취업이 가능하다.

## 산업 디자인

대한민국은 제조 기반으로 성장했다 해도 과언이 아닐 만큼 세계 최고 수준의 자동차와 가전제품을 생산하는 나라다. 이러한 국가적 특성에 발맞춰 산업디자인과는 시각디자인과와 더불어 대한민국을 대표하며 가장 인기 있는 디자인학과 중 하나다.

산업디자인과는 같은 과 안에서도 세부 전공이 자세하게 나뉜다. 자동차, 운송기기, 중장비 등 모빌리티 디자인에 대해서 배우기도 하고, 스마트폰, TV, 냉장고, 스피커 같은 제품 디자인을 배우기도 하며, 학교에 따라서 가구나 소품 등의 리빙 디자인, 그리고 반지, 귀걸이, 목걸이 같은 주얼리 디자인, 금속 공예 디자인을 배우기도 한다. 공업 운송, 리빙, 금속 공예는 세부 전공이 아니라 독립된 과를 개설하는 학교도 많으니 참고하면 좋다.

졸업 후엔 현대자동차, 삼성전자, LG전자같이 대기업의 인하우스 디자이너(In-house Designer)[6]로 취업이 가능하다. 또한 디자인 에이전시와 같이 디자인을 전문으로 하는 회사에 취업할 수도 있다. 리빙, 제품 디자인을 세부 전공하면 아모레퍼시픽, LG생활건강 같은 화장품 회사나 일룸, 한샘과 같은 가구 회사에 취업할 수 있다.

## 시각 디자인

제품의 형태나 외관, 재질, 구조 같은 형태적인 부분에 대해서 집중적으로 훈련하고 학습하는 산업디자인과와 달리 시각디자인과에서는 이미 정해진 매체나 형태에 콘텐츠를 입히는 디자인을 배운다. 학교에 따라서 '커뮤니케이션 디자인' 혹은 '비주얼커뮤니케이션 디자인'으로 불리기도 하며, 예전에는 인쇄를 기반으로 2D 위주의 디자인을 했지만, 요즘은 세부화된 플랫폼에 발맞춰 인쇄는 물론이고 패키지, 영상, 웹사이트, 키오스크 등 다양한 매체를 디자인한다.

---

[6] 회사 내부에 디자인을 담당하는 디자인 부서에서 일하는 디자이너. 보통 디자인만 전문으로 하는 디자인 스튜디오나 에이전시의 디자이너와 비교된다.

모든 콘텐츠와 제품, 서비스가 디자인을 필요로 하기에 시각 디자인은 세부 분야 또한 다양하다. 포스터, 출판 등의 편집 디자인, 브랜딩을 기반으로 하는 브랜드 경험 디자인(Branding, 혹은 Brand Experience Design), 일러스트, 캐릭터 디자인, 패키지 디자인 등 다양한 분야에 대한 커리큘럼을 학습하고 그 안에서 세부 전공을 찾아간다.

삼성, LG, 현대, SK 등 대기업, 카카오, 네이버 같은 빅테크 기업, LG생활건강, 아모레퍼시픽 같은 화장품 회사, 엔터테인먼트 등 콘텐츠를 다루는 회사에서 시각 디자이너를 필요로 한다. 또한 브랜딩, 패키지, 웹, 편집 디자인 등 디자인을 전문으로 하는 디자인 에이전시나 스튜디오에도 취업이 가능하다. 1인 스튜디오를 차리거나 프리랜서, 일러스트레이터 작가로 활동하는 디자이너도 많다.

## 영상 디자인

대중들은 더 이상 움직이지 않는 것에 반응하지 않는다. 그만큼 영상과 모션은 오늘날의 디자인 트렌드에서 매우 중요한 매체로 활약하고 있다. 이러한 흐름에 맞춰 영상디자인과에서는 정지된 결과물이 아닌 광고, 영화, 애니메이션, 웹사이트, 게임처럼 움직이는 매체에 적용할 수 있는 디자인을 배운다. 학교나 학과에 따라서 애니메이션디자인과, 모션그래픽디자인과, 영화디자인과 등 세부 전공으로 나누기도 하지만 대부분의 영상디자인과는 이것들을 포괄적으로 어우르는 커리큘럼을 가지고 있다.

tvN, JTBC 등 방송국과 영상 촬영, 편집, 광고 등 영상 디자인을 전문으로 하는 에이전시에 취업이 가능하고, 모션 그래픽 에이전시, 웹 디자인 에이전시, 광고 회사, 게임 회사, 애니메이션 회사 등이 영상디자인과 졸업 후 취업할 수 있는 곳이라고 할 수 있다.

## 디지털 미디어 디자인

줄여서 '디미디'라고도 불리는 이 분야는 전통적인 디자인과인 시각디자인과나 산업디자인과에 비해 역사는 짧은 편이지만, 산업의 발달과 변화로 최근 들어 크게 각광받고 있다. 디지털 미디어디자인과는 학과명에서도 알 수 있듯이 시각 디자인, 영상 디자인, 애니메이션 디자인, 모션 디자인 등 다양한 학과에 포함되어 있는 커리큘럼들을 '디지털 매체의 특성'에 맞춰 배운다.

대표적인 빅테크 기업인 쿠팡, 배달의민족 같은 플랫폼에서 서비스를 직접 기획 및 디자인, 프로그래밍까지 해야 하기 때문에 폭넓은 소양과 기술을 갖춰야 한다. 그러다 보니 진로 및 취업 선택의 폭이 넓다는 장점을 지니고 있다. 가장 일반적으로는 웹 디자인 에이전시로 취업을 하지만, 시각 디자인, 영상 디자인, 모션 그래픽, 캐릭터 디자인 등 선호하는 세부 전공에 따라 진로가 정해지며 프리랜서 일러스트레이터, 인하우스 디자이너 외에도 기획자, 프로그래머 등 다양한 분야를 선택할 수 있는 장점이 있다.

## 패션 디자인

기획, 콘셉트 설정, 스케치, 일러스트, 패턴 작업, 바느질 등 말 그대로 옷이 만들어지는 모든 과정을 주관한다. 이름만 들어서는 아주 고상하고 우아할 것 같지만, 현실은 매우 고된 육체적 노동이 필요한 디자인 분야다. 보통 패션 디자이너가 되어 자기 브랜드를 만들고 패션쇼 런웨이의 마지막에 박수를 받으며 인사하는 모습을 꿈꾸는 경우가 많지만, 자기 브랜드를 가지고 스포트라이트를 받는 디자이너로 성공하는 사례는 매우 드물다고 할 수 있다.

디자인 업계가 전반적으로 열악한 건 사실이나 그중에서도 패션 디자인은 개선돼야 할 것이 특히 많은 분야다. 삼성물산, LF 등 대기업의 인하우스 디자이너로 취업하면 비교적 높은 연봉과 좋은 복지 혜택을 받지만, 디자이너 개인 브랜드나 의상실 말단 디자이너 혹은 어시스턴트로 시작해서 정말 말도 안 되는 급여를 받고 일하거나, 재능기부에 가까운 수준으로 일하는 경우도 흔하기 때문이다.

이외에도 무신사 같은 패션 플랫폼의 상품 기획자(MD)나 패션 잡지 에디터로 활동하기도 한다. 섬유나 직물을 디자인 하는 텍스타일(Textile) 디자이너가 되어 관련 기업에 취업할 수도 있다.

## 공간 디자인

공간 디자인은 학교에 따라서 산업디자인과의 세부 전공으로 분류되기도 하지만, 독립된 학과로 운영하는 경우가 더 많다. 흔히 인테리어 디자인으로 불리우는 공간 디자인은 단순히 실내를 예쁘게 꾸미는 것을 넘어 공간, 가구 등 공간과 관련된 모든 요소를 디자인하고 설계하며 제작과 시공하는 것까지 포함한다.

인테리어 디자인 에이전시에 취직하는 경우가 일반적이며, 삼성물산, GS건설, 포스코와 같은 건설사나 한샘, 시몬스, 일룸과 같은 가구 회사에 취업하는 경우도 있다. 개인이나 소규모로 디자인 스튜디오를 운영하는 경우도 많은데, 이런 경우 디자인과 설계는 스튜디오에서 담당하고, 목공과 시공 등 제작에 관련된 부분은 전문 기술자가 담당하는 게 일반적이다.

## 건축 디자인(건축공학)

영화 〈건축학개론〉으로 선풍적 관심을 받았던 건축 디자인. 사실 건축은 '디자인'보다는 '공학'으로 분류하는 것이 바람직하다. 실제로 서울대, 고려대, 한양대 등의 학교에서는 건축을 조형예술 디자인대학이 아닌 공학대학의 학부로 포함시킨다. 과의 명칭도 건축디자인과가 아니라 건축학과, 건축공학과로 부르는 경우가 대다수이다.

건축공학은 사람, 환경, 재질, 구조, 라이프 스타일 등 다양한 부분을 연구하고, 연구를 토대로 도면 설계와 시공부터 건축물이 완성되기까지의 모든 과정을 주관한다. 건축물은 인간이 사용하는 공간 그 자체이기에 안전, 편리함, 디자인 등 실용적인 것들에 대해서 배우게 된다. 또한 건축물을 설계하는 데 예술과 디자인은 물론 인문, 공학, 과학, 사회 등의 폭넓은 사고와 이해가 필요하기에 5년제 커리큘럼으로 운영되는 것이 특징이다. 건축사, 건축기사와 같은 자격증을 취득하고 건설사나 공기업으로 취업하는 경우가 많다.

이외에도 전시 디자인, 무대 디자인, 조경 디자인 등 다양한 디자인과가 존재하고 게임학과, 만화학과, 애니메이션학과 등

디자인과 밀접한 관계를 갖는 학과도 많으니 진로에 관해 폭넓게
알아보면 좋다.

대학 입학 전에 학과 홈페이지에서 커리큘럼을 확인하거나,
관심 있는 과에 재학 중인 지인을 통해 학교에서 실제로 어떤
것을 배우고, 진로는 어떻게 되는지 알아보는 것도 정말 큰 도움
이 된다. 거의 모든 디자인과에서는 매년 공식적으로 졸업 전시
웹사이트를 만들고 홍보하는데, 각 학과의 웹사이트를 참고하여
앞으로 배우게 될 것을 자세하게 확인하는 것도 좋은 방법이다.[7]
학과에 대해 제대로 알아보지 않고 과 이름만 보거나 점수에 맞춰
진학하면 땅을 치고 후회할 확률이 높다. 학과와 대학 선택에 앞서
최대한 다양하고 자세하게 알아보는 방법을 추천한다.

---

[7] 학교와 학과 이름, 년도를 검색하면 졸업전시 웹사이트나 인스타그램 계정을 쉽게 찾을 수 있다.

# 나의 길을 찾는 방법

*How to find my way*

## 다양한 분야와 스타일을 접해 보기

졸업을 앞두고도 어떤 디자인 분야를 진로로 선택해야 할지 모르는 이유는 다양한 분야와 스타일을 접해 보지 않았기 때문일 수 있다. 음식을 직접 먹어 보기 전까지는 음식의 맛을 알 수 없듯이, 분야와 스타일을 정하는 일에 있어서도 다양한 경험을 해야 한다. 내가 잘하지 못할 것 같거나 어색한 마음에 벽을 쌓거나 선을 긋지 말고 경험할 수 있는 만큼 경험해 봐야 한다는 말이다. 스타일에 대한 다양한 실험과 경험을 통해 자신과는 절대 맞지 않을 거라 생각한 길이 사실은 적성에 가장 잘 맞는 경우를 종종 보았다.

학생은 실무 디자이너에 비해 진로 탐색의 기회가 훨씬 많고, 주변의 여건과 환경도 탐색에 적합하게 갖춰져 있다. 실무자가 되어 일단 일을 하면서 진로를 찾아보겠다고 말하는 학생들도 간혹 있는데, 그때가 되면 진로를 찾고 고민하는 것보다 정해진 프로젝트를 시간 내에 끝내는 것이 훨씬 더 급하게 느껴지기 때문에 진로를 탐색할 시간적 여유가 없다는 현실을 꼭 말해 주고 싶다. 그러니 학생 때 최대한 다양한 분야와 스타일을 접해 보는 게 좋다. 매우 고리타분하게 들릴지 모르겠지만, '모든 일에는 때가 있다'는 말이 '실험적인 디자인을 할 수 있는 여건'의 경우에 매우 적합한 말임을 다시 한번 강조한다.

만일 제품 디자인을 전공한다면 가전제품, 운송 등 제품 디자인에 관련된 여러 디자인을 경험해 보자. 하다 보면 내가 무엇을 좋아하고 잘하는지 알 수 있고, 좋아하는 것에 대한 확신을 가질 수 있다. 계속해서 이야기하지만 직접 해 보는 것이 정말 중요하다. 해 보지 않고 막연하게 상상만 하면 나에게 잘 맞는 것이 무엇인지 알 길이 없다.

최악의 상황은 충분한 경험과 구체적인 확신 없이 적은 경험과 막연한 상상만으로 일을 시작한 후 크게 실망하고 디자인을 아예 그만두는 것이다. 막연한 동경으로 진로를 결정했다가 쉽게 포기하고 이 길을 떠나는 제자들을 많이 봤다. 자신의 소극성과 귀찮음이 디자인에 대한 열정을 식게 만들어 버리는 안타까운 상황이 생기지 않길 바란다.

## 교수가 아닌 내가 좋아하는 디자인을 하기

그러기 위해선 '교수가 좋아하는 디자인'이 아닌, '내가 좋아하는 디자인'을 해야 한다. 많은 학생이 학점 관리를 너무 중요하게 생각하는 나머지 교수에게 잘 보여 높은 점수를 받기 위해 나 자신이 아닌 교수가 좋아하는 디자인을 한다. 물론 학생으로서 학점을 관리하는 것도 중요하지만 좋은 학점을 받기 위해 '교수의 입맛에 맞춘 디자인'을 하는 건 전혀 다른 문제다.

디자인은 객관적 시선보다 주관적 관점에 의해 판단될 수 있기에 '좋은 디자인은 무엇인가'에 대한 기준이 각자 다를 수 있다. 이런 이유로 깊은 고민 없이 교수의 입맛에 맞춰버리는 게 차라리 편하다고 느껴질 수 있다. 아니면 그런 의도를 전혀 갖지 않고도 자기도 모르게 교수의 성향에 맞는 디자인을 할 수도 있을 것이고. 하지만 디자이너로서 자신만의 주관을 갖추기 위해, 디자인을 계속 즐기며 하기 위해, 그리고 무엇보다 이 일을 오래 하기 위해서는 '내가 어떤 디자인을 좋아하고 잘하는지'를 아는 것이 우선 되어야 한다.

## 돈이 아닌 열정을 쫓기

디자인을 최대한 많이 경험하기 위해선 '돈이 되는 분야만

좇지 말라'고 이야기해 주고 싶다. 이 일을 오래 즐기며 하기
위한 기준이 '돈'이 첫 번째가 되어서는 안 된다는 의미다.
디자이너에겐 '디자인을 향한 사라지지 않는 열망과 애정'이
필요하다. 그렇다고 배고픈 예술가가 되라는 건 절대 아니다.

  진로를 정하지 않았거나 디자이너로 살아감에 있어 자기
자신에게 가장 중요한 가치가 무엇인지도 모르는 상태에서 단지
처우와 전망이 좋다는 이유로 진로를 결정하는 건 굉장히
무모하고 어리석은 선택이다. 디자인 트렌드와 산업은 매우
빠르게 변화하기 때문에 졸업 후에는 상황이 어떻게 바뀔지
아무도 모른다. 각광받던 디자인 분야가 시대적 변화에 의해
어느 사이에 시들어버리면 자기 디자인과 커리어에 대한 동력
자체를 잃어버릴 수 있다.

## 직접 경험하기

  밖으로 나가 디자인을 '직접' 경험하라. '디자인을 한다'는
행동의 의미를 컴퓨터 앞에 앉아 키보드와 마우스를 만지는
행위로 생각할 수 있지만 사실 그건 디자인 작업의 극히 일부분에
불과하다. 우리가 평생을 하게 될 디자인은 오히려 스크린 밖에
존재한다. 무엇보다 컴퓨터 화면으로만 디자인을 경험하면 일상
적이고 보편적인 맥락을 놓치기 쉽다. 디자인은 존재하는 모든

것과 모든 곳에 스며들어 있다. 전시장, 핸드폰, 옷, 지하철, 식당, 카페, 가게, 거리, 공원, 집을 포함한 모든 것들에 말이다. 특별히 디자인과 관련된 공간을 찾아가지 않아도 주변의 장소와 물건을 통해 디자인을 충분하게 경험할 수 있다는 말이다.

## 혼자만의 시간을 갖기

마지막으로, 일상에서 벗어나 온전히 자유로워질 수 있는 곳에서 혼자만의 시간을 갖는 게 정말 큰 도움이 된다. 이건 진로 고민에 있어서만이 아닌 인생의 중요한 모든 순간을 대하는 가장 기본적이고도 유익한 방법이라고 생각한다.

마음과 머릿속에서 맴도는 고민은 혼자 골머리를 싸매거나 사람을 만나 털어놓는 것만으로는 해결되지 않을 수 있다. 쉽사리 해결되지 않는 고민에서 한시라도 눈을 떼면 안 될 것 같고, 하루빨리 그 고민을 눈앞에서 해치워버려야 할 것 같지만 그럴 때일수록 낯선 곳에서 혼자만의 시간을 가져보자. 도저히 답이 보이지 않던 문제도 어느샌가 실타래 풀리듯 자연스럽게 해결되는 것을 경험할 수 있다.

인생을 살아감에 있어 진로 고민은 너무나도 자연스러운 일이고, 졸업을 앞둔 학생이라면 더욱 그렇다. 그러니 나만의 부족함이라 생각하고 조급해하거나 자책할 필요가 전혀 없다. 심지어 나는 대학교 3학년, 졸업을 1년 반도 남기지 않은 시점에서 전과하지 않았나. 하지만 그 과정이 후회스럽지 않은 것은 물론이고 되레 내가 정말 원하는 것이 무엇인지 깨달을 수 있었던 건설적인 시간이라고 생각한다.

이러한 고민과 방황의 과정을 거쳐 스스로를 설득할 수 있을 때 비로소 좋은 디자이너가 될 하나의 준비를 마쳤다고 볼 수 있다. 자기 자신도 설득하지 못하는 디자이너가 어떻게 동료, 상사, 더 나아가 클라이언트를 설득할 수 있을까! 각자에겐 저마다의 속도가 있으니 서두르지 말고, 좋은 디자이너가 되기 위한 좋은 고민과 경험을 자연스럽게 받아들였으면 좋겠다.

# 유학은 현실이다

*A hard reality of studying abroad*

나는 중학교 1학년 때 홍정욱의 《7막 7장》을 읽고 유학을 꿈
꿨다. 그 당시 이 책은 성인 독자 사이에서, 내 또래 사이에서도
크게 유행했던 베스트셀러였다. 우연찮은 계기로 이 책을 읽었을
때 가슴 한쪽에서 꿈틀거리는 무언가를 느낄 수 있었다. 그리고
마지막 책장을 덮음과 동시에 부모님께 유학을 보내달라고 말씀
드렸다. 하지만 솔직히 중학교 1학년이 뭘 알겠나. 막연하게
떼쓰며 조르기만 했으니 부모님의 대답은 너무 당연하게도
"안돼."였다.

그 후로 시간이 흘러 고등학교 1학년이 되었다. 내게 어떠한
선견지명이 있었는지 모르겠지만 어떤 분야의 공부를 하든 '영어는
필수가 되겠다'는 생각이 들었고, 다시금 유학을 가야겠다는
생각에 사로 잡혔다. 이번에는 그전과 달랐다. 유학을 보내달라고
단순히 감정에만 호소하는 것이 아니라 구체적이고 체계적으로

알아보았다. 어느 나라의 어느 학교가 좋을지, 도시별 특징은 무엇인지, 학교별 기숙사 시스템과 대략적인 유학비는 어떤지 세부적으로 꼼꼼히 알아보고, 그것들을 100쪽 가까이 되는 보고서로 만들어 저녁 식사 시간에 아버지께 보여드렸다. 아버지께선 천천히 살펴보시더니 말없이 씩 웃으시고 긍정적으로 생각해 보자고 말씀하셨다. 그 말씀이 있고 나서 정확하게 3주 후, 나는 모든 수속을 마치고 홀로 비행기에 올랐다.

2000년도 4월 따뜻한 어느 봄날, 내 인생을 바꾼 10년의 긴 호주 유학 생활이 시작되는 순간이었다.

유학을 계획하는 대부분의 사람은 낯선 땅에서 멋지게 적응하고 자유를 만끽하는 이국적이고 로맨틱한 자신의 모습만을 머릿속에 그리곤 한다. 영화나 드라마, 책, 유튜브 영상을 통해 접한 매우 단편적인 장면으로만 유학을 상상하니 그럴 수밖에 없다. 하지만 어떠한 나라든 그곳에 직접 가서 겪는 실생활은 매체를 통해 보고 상상했던 모습과 너무나도 다르다.

유튜브나 블로그를 통한 랜선 여행으로 그 나라에 대한 환상을 키워서 유학을 가게 되면 생각했던 것과 정말 다른, 실질적이고 현실적인 문제에 부딪혀 큰 고생을 하기 쉽다. 날씨나 음식, 교통, 치안, 그리고 자신이 평생 경험하던 모든 방식과는 전혀 다른 문화적 차이가 그 이유다. 음식을 예로 들어 보자. 요즘에는 외국에도 한식당과 한인마트가 있지만, 나라나 도시에 따라 접하기 어려운 곳도 있다. '저는 어차피 한식을 별로 좋아하지 않는데요?' 매번 한식을 먹다가 가끔씩 다른 나라의 음식을 먹는 환경과 애초에 쌀밥과 김치라는 선택지 자체가 없는 환경은 완전히 다르다고 말해 주고 싶다.

한마디로 공부에만 전념할 수 있도록 그 나라와 자신과의 케미(Chemistry)가 잘 맞는 게 중요하다. 따라서 유학을 결심했다면 유튜브를 통한 랜선 여행이나 휴양을 목적으로 한 여행이 아닌, 직접 가서 최소 일주일간 현지 사람들이 어떻게 생활하는지 보고 똑같은 루틴으로 직접 생활하는 방법을 추천한다.

"여행은 살아 보는 거야!"[8]라고 하지 않았던가. 유학 가고 싶은 나라와 도시를 정했다면 그곳의 관광지가 아닌, 현지인들이 주로 지내는 평범한 동네에서 일주일만 생활해 보자. 아침에는 통학하듯 대중교통을 이용해 돌아다녀 보고, 점심에는 현지식도 먹어 보고, 주말에는 여가생활이나 문화생활, 교외지 여행도 하면서 짧게나마 생활 전반을 경험해 보자. 내가 앞으로 이곳에서 몇 년을 공부하며 생활할 수 있는지, 과연 이 도시에 정착할 수 있을지 가늠해 보고 결정하는 데 큰 도움이 될 것이다.

---

[8] 에어비앤비(Airbnb)의 슬로건.

내가 지냈던 호주에 대해서 말해 보자면, 나는 우선 다른 사람을 신경 쓰지 않는 호주인들의 문화가 가장 좋았다. 누가 뭘 입고 다니는지, 뭘 타는지, 어디에 사는지에 관한 것들을 궁금해하지 않는다. 대체로 타인의 시선으로부터 매우 자유로운 문화였다.

호주에서 프리랜서 디자이너로 활동할 때 만났던 클라이언트들 중 한 분은 여러 개의 사업체를 소유한, 큰 부를 이룬 분이었다. 한 번은 그분으로부터 초대를 받아 집에 가게 되었는데 도착해 보니 내 눈앞에는 잡지나 영화에 나올 법한 근사한 대저택의 풍경이 펼쳐져 있었다. 허나 그분이 직접 운전하는 차는 연식이 오래되고 곳곳에 녹도 슬은, 당장 폐차장에서 봐도 이상할 것이 없어 보였던 작고 낡은 소형차였다. 그때 당시의 나는 결코 이해하기 어려웠다. 한국 사람의 기준에선 충분히 의아할 만하지 않은가? 그런데 호주 사람들은 대체로 직업이나 자산 등 개인 생활에 관련된 부분에 대해 (남의 일이든, 자기 일이든) 크게 개의치 않더라.

'이민자의 천국'으로 불리는 다문화도 내가 호주를 좋아한 또 다른 이유였다. 호주에는 세계 각국에서 온 이민자들이 많고, 대체적으로 문화적 다양성을 존중하는 분위기다(물론 인종차별이 아예 없는 건 아니지만). 그래서 다양한 언어, 문화, 음식을 쉽게 접할 수 있는 장점이 있다. 이외에도 맑은 공기와

곳곳에 펼쳐진 아름다운 자연, 식료품 물가가 저렴한 것과 넓은
국토 면적에 비해 인구수가 적고, 건물이나 도로 등 도시의 모든
인프라와 시설이 크고 쾌적한 것도 매력적인 부분이다.

한국과 호주의 또 다른 문화적 차이인 '철저한 가족 중심의
문화'와 정치, 기업 운영, 재정 관리에 있어 원칙주의를 고수하는
것도 장점으로 느껴졌다. 가족 중심의 문화에 대해 더 말해 보자면,
호주에서는 번화가를 제외하곤 대부분의 가게가 오후 5시면
문을 닫는다. 그렇기 때문에 모두의 저녁 시간은 '가족과
함께하는 시간'이다. 땅이 매우 넓기에 거의 모든 집에 마당이
있고 그곳에 친구와 지인, 친척들을 초대해 바비큐 파티를 하는
것 역시 아주 흔한 일상의 모습이다.

하지만 나는 타지에서 혼자 생활하는 유학생의 입장이었기에
가족 중심의 문화는 장점인 동시에 단점으로 느껴지기도 했다.
해가 지기도 이른 5시만 되어도 대부분의 가게가 문을 닫으니
무료했고, 함께 지내는 가족이 없으니 그 안에서 오히려 더
고립감을 느껴 외로운 적도 많았다.

한국과 달리 일 처리가 느린 것도 답답한 부분 중 하나였다.
우리나라는 하루면 인터넷 설치가 끝나지만 호주는 무엇이든
1~2주 이상이 소요된다. 인터넷뿐만 아니라 전기, 가스, 전화
설치와 은행 업무 등 신속하게 진행돼야 하는 일들에 오랜

시간이 걸리니 답답하지 않을 수가 없었다.

개인적으로는 더 넓은 세상을 경험하고, 디자이너로서 갖춰야 할 유연한 사고와 시각을 기르기 위해 유학을 가는 것을 적극적으로 찬성하고 응원한다(물론 시간과 금전적 여유가 된다는 전제하에). 여건과 기본 역량만 갖췄다면 유학은 디자이너로서 많은 것을 경험하고 배울 수 있는 더없이 좋은 기회다. 하지만 디자인 분야 안에서 세부 진로를 정하는 것과 마찬가지로, 유학도 구체적인 조사와 계획 없이 막연한 기대와 상상으로 갔다간 돈과 시간, 건강까지 잃을 수 있다. 타지에서 혼자 생활하며 공부하는 것에는 생각보다 많은 변수가 존재하니 충분히 알아보고 결정하기를 바란다.

나의 개인적인 조언과 해외 경험이 유학을 꿈꾸거나 계획하고 있는 사람들에게 적게나마 도움이 됐으면 좋겠다. 유학 선배로서 정말 자신 있게 해 줄 수 있는 말은 좋은 디자인을 하기 위해, 유능한 디자이너가 되기 위해 감당해야 하는 노력과 수고는 절대 쉽지 않지만, 그 과정을 통해 훌쩍 성장해 있는 자신의 모습을 보면 그 모든 인고의 시간을 잊고도 남는다는 것이다.

아무런 연고도 없는 호주로 나홀로 유학을 떠났을 때 고작만 16세였다. 열여섯의 나도 했고, 당연히 여러분도 할 수 있다.
만약 유학을 결심했다면 용기를 가지고 도전해 보자!

# 이력서, 어떻게 써야 하나요?

*How to write a resume*

디자이너가 되기 위해선 이력서를 어떻게 써야 할까? 전직 10년 차 디자인과 교수이자, 디자인 스튜디오 대표로서 3천 개 이상의 이력서를 보았다. 이 경험을 토대로 이력서에는 무슨 정보를 써야 하며 이력서에 쓰면 안 되는 것들, 정보를 나열하는 순서 등 디자이너 이력서 쓰는 법에 대해서 낱낱이 알아보자![9]

## 필수 기재 정보

이름, 연락처, 이메일, 주소는 기본 중의 기본이니 반드시 기재해야 한다. 이 정보가 없으면 실력이 아무리 좋고, 포트폴리오가 정말 마음에 들어도 누구인지도 모르고 연락할 방법도 없다(이름과 연락처를 기재하는 건 너무 당연한 일이지만 빼먹는 경우가 왕왕 있다). 하나도 빼놓지 말고 꼭 기재해야 한다.

---

[9] 지원하는 회사에 정해진 이력서 양식이 있다면 양식에 맞춰 작성하면 되고, 정해진 것 없이 자유 형식이라면 다음을 참고해 작성하면 된다.

학력과 경력, 관련 활동, 공모전 및 어워드 등의 수상 이력, 어학 및 디자인 자격증, 스킬셋(Skill Set)과 툴 스킬셋(Tool Skill Set)에 대한 내용도 기재해야 한다. 물론 경력이나 관련 활동, 수상 이력 등 경험하지 못 했거나 없는 것에 대해선 적지 않아도 된다. 이렇게 세세하게 나누어 정보를 적는 이유는 디자이너가 되기 위해 '어떤 준비'를 '얼마나' 했는지 보여 주기 위함이다. 이력서를 받는 사람의 입장에선 디자인을 주제로 일관된 이력들을 통해 지원자가 할 게 없어서 그냥 찔러 보는 것은 아닌지, 디자인에 대한 열정을 갖고 디자이너가 되기 위해 얼마나 준비해 왔는지 가늠해 볼 수 있다.

스킬셋과 툴 스킬셋에 대해 부연 설명하자면, 해당 항목에 대해서는 내가 어떤 분야의 디자인을 할 수 있는지, 그리고 그 디자인을 하기 위한 어떤 능력을 갖추었는지 적으면 된다. 예를 들어 스킬셋에는 브랜딩이나 편집 디자인, 패키지 디자인, 영상 촬영 및 편집, 사진 촬영 등 '디자인을 할 수 있는 능력'을, 툴 스킬셋에는 포토샵, 일러스트, 인디자인, 라이트룸, 프리미어 프로 등 '내가 다룰 수 있는 툴'을 기입하면 된다.

덧붙이자면, 툴 스킬셋을 작성할 때 항목 옆에 퍼센트(%)는 적지 않는 게 좋다. 만약 '포토샵(98%)'라고 적는다면 그 98%는 무엇을 기준으로 한 수치인지, 어느 정도의 실력인지 담당자로서는 알 길이 없다. 게다가 포토샵 프로그램을 설계하고 만든 사람도 포토샵을 100% 활용하긴 어려울 텐데, 어떻게 우리가 포토샵을 98% 활용할 수 있을까. 만약 툴을 다룰 순 있지만 실력에 편차가 있다면 '상, 중, 하' 정도로 표시하는 게 좋다. 물론 이 또한 객관적인 지표는 되기 어렵지만 최소한의 기준은 될 수 있다.

혹시 이제껏 말한 정보들을 그냥 생각나는 대로 막 나열하면 된다고 생각한다면 아직 갈 길이 멀다. 이 정보들을 열거하는 순서가 따로 있다. 보통은 '중요한 것'에서부터 '덜 중요한' 순으로, '최근 것'에서부터 '오래된 순'으로 나열한다.

가장 중요한 건 이름과 연락처, 이메일 주소이고 그 다음은 학력과 경력, 스킬셋 등이다. 학력과 경력은 이직을 준비하는 실무자인지, 업무 경력이 없는 신입인지에 따라 다른데, 경력이 있다면 학력보다는 경력을 먼저 적고, 신입이라면 학력을 우선으로 적으면 좋다. 학력과 경력의 세부 항목을 적는 순서도 최근 것에서부터 오래된 순서로 적으면 된다. 보통은 대학교, 고등학교, 중학교까지만 넣어도 충분하다. 기재 방법은 '학교, 과, 학위, 도시, 나라, 연도' 또는 '연도, 학교, 과, 학위, 도시, 나라', '경력, 연도, 회사, 부서, 직급' 또는 '회사, 부서, 직급, 연도' 정도로 적으면 된다. 요점은 한 이력서 안에서 하나의

순서로 일관하는 것이니, 예시와 다른 순서로 적어도 큰 문제는
되지 않는다. 어학과 툴 스킬셋도 마찬가지다. 어학이라면 업무와
적게라도 관계가 있는 순으로 적는 게 좋다. 만일 어학 시험 점수가
없어도 외국어를 할 줄 안다면 '일상 대화 가능'처럼 적어 주면
좋다.[10]

---

[10] 보통 영미권에서는 어학 실력을 이력서에 세부적으로 표기할 때 모국어는 'Native', 2개국어는 'Bilingual', 업무를 완벽히 소화 가능한 수준은 'Full Professional Proficiency', 최소한의 수준인 경우는 'Minimum Professional Proficiency', 말하기와 읽기는 가능하나 제한적으로 가능한 수준은 'Limited Working Proficiency', 도로의 표지판 숫자와 간단한 문구를 읽을 수 있는 수준은 'Elementary Proficiency'로 표기한다.

# Wonchan
# Lee

Creative Director

71-20 Cheongdam-dong
Gangnam-gu, Seoul, Korea

e info@ ▮▮▮▮▮▮▮
m +82 10 ▮▮▮▮▮▮
w www.minimalist.kr
youtube.com/c/wonchan
www.wonchanlee.com
b be.net/wonchan
ig @dgodwonchan

## current positions

| | |
|---|---|
| 2013—current | minimalist / Seoul, Korea<br>Founder & Creative Director |
| 2019—current | DgoD Wonchan Design / Youtube<br>Youtuber (63,500 subscribers) |
| 2019—current | MNCL<br>Founder & Master Crew |

## education

| | |
|---|---|
| 2010—2013 | RMIT University / Melbourne, Australia<br>Bachelor of Design (Communication Design) with<br>distinction |
| 2009—2010 | Cambridge International College / Melbourne, Australia<br>Cert. 3 in Graphic Press & Multimedia Design |
| 2001—2004 | East Sydney Fashion Design Studio / Sydney, Australia<br>Adv. Diploma in Fashion Design (discontinued) |

## previous positions

| | |
|---|---|
| 2014—2023 | Kaywon School of Art & Design / Uiwang, Korea<br>Adjunct Professor |
| 2019 | Hansung University Design & Art Institute / Seoul, Korea<br>Lecturer |
| 2013 | The Gallery / Seoul, Korea<br>Founder & Director |
| 2012—2013 | The Belonging Project (RMIT Univ.) / Melbourne, Australia<br>Art Director |
| 2007—2009 | Wales Institute / Seoul, Korea<br>Chief Manager & Lecturer(English) |
| 2005—2006 | Zaytun Division / Erbil, Iraq<br>Sergeant |
| 2004 | Moubou / Paju, Korea<br>Stage Designer |

## exhibition

| | |
|---|---|
| 2015 | Samwon Paper Gallery / Seoul, Korea<br>de—voice |
| 2014 | National Hangeul Museum / Seoul, Korea<br>28 |
| 2013 | Gallery Moi / Seoul, Korea<br>I Design, therefore I am |
| 2012 | The Atelier / Melbourne, Australia<br>I Design, therefore I am |

## skills

Branding, Packaging, Typography, Editorial
Studio Photography, Content Planning, Videography, Video Editing
Teaching/Mentoring, Project Managing

## languages

Korean (native)
English (full professional proficiency)
Thai (elementary proficiency)

1 / 2

2023

# 이
# 원찬

e  info@▮▮▮▮▮▮▮▮
m  +82 I0 ▮▮▮▮▮▮▮▮
w  www.minimalist.kr
   youtube.com/c/wonchan
   www.wonchanlee.com
b  be.net/wonchan
ig @dgodwonchan

## current positions

| | |
|---|---|
| 2013—current | 미니멀리스트<br>대표 & 크리에이티브 디렉터 |
| 2019—current | 디고디원찬<br>유튜버 & 컨텐츠 크리에이터 & 강연자 |
| 2019—current | MNCL<br>아티스트 & 마스터 크루 |

## previous positions

| | |
|---|---|
| 2014—2023 | 계원예술대학교 / 디지털미디어디자인과<br>겸임교수 |
| 2019 | 한성대학교 / 평생교육원 / 제품디자인과<br>외래교수 |
| 2013 | The Gallery<br>대표 & 디렉터 |
| 2012—2013 | The Beloning Project (RMIT대학교) / 호주 멜버른<br>아트 디렉터 |
| 2007—2009 | 웨일즈 어학원<br>주임강사 (영어) |
| 2005—2006 | 자이툰 사단 / 이라크 아르빌<br>병장 |
| 2004 | Moubou<br>무대디자이너 |

## education

| | |
|---|---|
| 2010—2013 | 로얄멜빈공립대학교(RMIT) / 호주 멜버른<br>시각디자인 학사 (우수 졸업) |
| 2009—2010 | Cambridge International College / 호주 멜버른<br>그래픽 / 멀티미디어 과정 수료 |
| 2001—2004 | East Sydney Fashion Design Studio / 호주 시드니<br>준학사 (미수료) |

## exhibition

| | |
|---|---|
| 2015 | de—voice / 상원페이퍼 갤러리<br>합동 전시 |
| 2014 | 28 / 국립한글박물관 별관<br>합동 전시 |
| 2013 | I Design, therefore I am / Gallery Moi<br>개인전시 |
| 2012 | I Design, therefore I am / The Atelier / 호주 멜버른<br>개인전시 |

## press & media

EBS 문해력+ 출연, 경인뉴스 인터뷰, 디자인매거워크 대표 강연자,
BGF 기업 특강, 디노마드 메타버스 강연, wanted 아티클를 기고, 한국관광기념품
공모전 심사, 통로이미지어워드 심사, 경인여대 특강
월간디자인, CA Korea, CA(UK), etape, 디노마드, 지니 뮤직 등
매거진 다수 소개 및 인터뷰

## skills

브랜딩, 패키징, 타이포그래피, 편집
스튜디오 포토그래피, 콘텐츠 기획, 영상촬영, 영상편집
강의 및 멘토링, 프로젝트 매니징

## languages

한국어
영어 (full professional proficiency)
태국어 (elementary proficiency)

2023

1 / 2

## 이력서에 추가하면 좋은 것들

이력서 형식이 자유라면 보여 주고 싶은 것들을 원하는 만큼만 기재해도 된다. 즉, 필수 정보를 제외한 모든 단점은 되도록 기재하지 말고, 디자인과 관련된 내용과 장점만으로 채우는 것이다.

사진과 나이, 디자인 관련 SNS가 그 예가 될 수 있다. 얼굴을 보여 주기 싫다면 사진을 빼도 되고, 외모로 좋은 인상을 주고 싶다면 넣어도 된다. 50~60대와 같이 너무 많은 나이보다는 업무에 적합한 젊은 나이 역시 분명 경쟁력이 될 수 있기에 젊다는 걸 어필하고 싶다면 나이를 적어도 되고, 나이가 좀 있지만 나이를 극복할 수 있는 자세와 능력을 갖췄다면 이력서가 아닌 면접을 통해 나이를 밝히는 것도 좋은 전략이다.

이력서의 분량 및 첨부 용량 제한 때문에 기재하지 못한 프로젝트는 개인 웹사이트나, SNS, 비핸스 등을 통해 확인할 수 있도록 관련 주소를 적어도 좋다. 하지만 디자인과 관련 없는 일상적인 게시물을 올리는 SNS는 금물이다. 회사는 여러분이 어제 친구와 어디에 갔는지, 연인과 기념일에 무얼 했는지, 취미로 맛집 탐방을 하는지 안 하는지 궁금해하지 않는다(혹 궁금해한다고 해도 그것들이 공개될 경우 나에게 오는 유익보다 해가 훨씬 더 많다). 그러니 개인 SNS 주소를

적을 거라면 디자인과 관련된 게시물을 올리는 계정이 적합할
것이다(전시 관람이나 사진 계정 등).

## 이력서 스타일

　대부분의 직종에 있어 이력서는 단순히 제출용 문서이지만,
디자이너에게는 타이포그래피 실력을 마음껏 뽐낼 기회이기도
하다. 그래서 많은 디자이너들이 이력서로 자신의 디자인 실력을
보여 주려 애쓰는데, 이 과정에서 이력서의 목적과 다르게
'꾸미기만' 한다면 문제가 생긴다. 멋지고 화려한 것도 좋지만
이력서를 작성함에 있어 가장 중요한 건 '정보를 명확하게
전달하는 것'이다. 따라서 너무 과한 디자인은 정보 전달에
방해가 되고 결과적으로 구직 활동에도 마이너스가 된다.

　특히 이력서를 읽기 어렵게 배경에 색을 과하게 넣거나,
유행이 지난 스타일인 그래프, 파이차트 등 인포그래픽을 우겨
넣은 디자인은 좋지 않다. 각자마다 다양한 스타일의 이력서를
쓸 수 있지만, 이력서의 목적에 부합하지 않거나 정보를
알아보기 힘든 스타일의 디자인은 추천하지 않는다.

# 포트폴리오의 정석

*The essence of portfolio*

## 대화하듯 구성하기

쉽게 말해 포트폴리오는 지원자의 작품이 담긴 '편지'라고 생각하면 된다. 때문에 공문을 쓰듯 딱딱하게 작성하기보단 상대방과 자연스럽게 이야기하는 듯한 흐름을 갖고 작성하는 게 좋다. 물론 회사마다 선호하는 포트폴리오의 스타일과 콘셉트가 다르니 무조건 대화하듯 구성하는 게 정답은 아니다.

우선 표지에서부터 대화의 분위기를 조성할 수 있다. 표지에 '안녕하세요. 감성과 감정을 통해 세상을 바라보는 디자이너 이원찬입니다.' 혹은 '안녕하세요. 소비자의 고민을 들어 주는 디자이너 이원찬입니다.'와 같은 문구를 넣어 대화의 문을 열어 보자. 포트폴리오의 각 섹션마다 해당 섹션과 관련된 자신만의 생각을 짧게 보여 주는 것도 좋은 방법이다. 예를 들어 브랜딩 섹션에는 '브랜딩, 경험을 넘어 자신이 되다.'와 같은 문구처럼.

포트폴리오 마지막에 'E.O.D.'(End Of Document)나 흔한 'Thank you'보다는, '부족하나마 저의 포트폴리오가 눈과 마음을 사로잡았기를 바랍니다.'나 '봄날의 햇살처럼 따뜻한 디자이너가 되겠습니다.'와 같은 인간적이고 대화하는 듯한 구성으로 작성하면 의외로 임팩트가 강하고 좋다.

오해할까 싶어 정확히 말하자면 대화식의 구성은 격식 없이 접근하는 것과는 엄연히 다르다. 여기서 말하는 대화식 구성은 딱딱하기만 하고 의례적인 구성이 아닌, 편지 같이 따뜻하고 자연스러운 구성을 뜻한다. '제가 이 프로젝트를 하면서 밤을 얼마나 샜는데요ㅠ 그리고 스트레스 받아서 엽떡을 먹었어요.'와 같은 TMI를 늘어놓는 것이 절대 아님을 다시 한번 강조한다.

## 지루하지 않도록 변주하기

편집 디자인을 하다 보면 '페이싱'(Pacing)이라는 말을 자주 쓴다. 페이스(Pace)는 '보폭을 맞추다', '속도를 유지하다'라는 뜻으로, 포트폴리오도 일종의 편집 디자인 작업이라 페이지 구성을 함에 있어 보폭을 맞추고 리듬을 유지하는 게 필요하다.

편집물을 만들면 대개 통일된 그리드 안에서 이미지와 텍스트를 레이아웃하는 작업을 한다. 예를 들어 12단 그리드에 이미

지는 오른쪽 하단, 설명은 왼쪽 상단에 넣었을 때 가장 완벽한
레이아웃을 찾았다고 가정해 보자. 포트폴리오 내내 이 레이아웃
하나만 계속 사용하면 네다섯 페이지만 봐도 지루해진다. 바꿔
말하면 담당자로 하여금 더 이상 보기 싫어지게 만드는 것이다.
이는 정성 들여 만든 맛 좋은 열 가지의 음식을 전부 똑같은
접시에 똑같이 플레이팅 하는 것과 같다. 따라서 포트폴리오는
다양한 구성과 페이싱을 통해 내용에 맞게 디자인해야 한다.

▲ 다양한 구성의 페이싱

## 프로젝트의 이상적인 개수

그럼 포트폴리오에 몇 개의 프로젝트를 넣는 것이 이상적일까? 많으면 많을수록 좋은 걸까? 아니면 임팩트 있게 조금만 넣는 게 좋은 걸까?

우선 포트폴리오를 보는 입장에서 생각해 봐야 한다. 지원자는 단 한 개의 포트폴리오만 제출하지만, 인사 담당자는 수많은 지원자의 수많은 포트폴리오를 본다. 각각의 포트폴리오를 충분히 살펴볼 시간도 부족하기 때문에 이러한 상황을 고려해 최정예 프로젝트 5개에서 많으면 10개, 한 프로젝트 당 적게는 2쪽에서 많게는 5쪽 정도로 구성하는 게 적당하다. 이렇게 하면 표지, 목차, 프로젝트, 중간 인덱싱, 마무리까지 포함한 포트폴리오의 총 분량은 25~40쪽 내외의 수준이 된다. 10쪽 이하는 너무 짧아 성의가 없어 보이고, 50쪽 이상은 너무 길기 때문에 적당한 분량을 갖추는 게 좋다.

하지만 프로젝트 개수와 분량을 맞추기 위해 다른 작품과 완성도 차이가 심하게 나는 프로젝트를 억지로 끼워 넣는 건 오히려 감점 요소가 된다. 실제로 예전에 한 포트폴리오를 검토할 때 앞에서부터 너무 마음에 들었는데 학부 1학년 때 했던 프로젝트였는지 뒤에서 갑자기 실력 차이가 크게 나는 작품을 보고 크게 실망한 적이 있다. 인사 담당자 입장에선 이 사람이 다 잘하다가도 어떤 식으로든 이것과 같은 실망스러운 결과물을 만들어 낼지도 모른다는 불안감을 느낄 수 있다.

물론 지원자는 많은 시간을 투자하고 밤을 새워가며 고생해서 완성한 프로젝트이니 애착이 갈 수밖에 없다. 이해한다. 하지만 포트폴리오에 넣을 프로젝트는 냉정하게 생각하고 전략적으로 배치해야 한다. 애착이 가는 프로젝트와 좋은 프로젝트는 엄연히 다르다. 확신이 서지 않는다면 주변에 물어보고 조금이라도 이상한 프로젝트는 다 빼는 게 좋다.

## 개인 프로젝트 넣기

우리나라에 디자인 관련 학과가 이렇게도 많은데 신기하게도 대학마다, 과마다 하는 프로젝트가 비슷비슷하다. 언젠가부터 융합이 대세가 되면서 시각디자인과에서만 하던 브랜딩을 제품디자인과, 패션디자인과, 디지털미디어디자인과에서도 다루기 시작했다. 이 말은 포트폴리오에 실린 결과물들도 과마다의 특성 없이 크게 다르지 않고 비슷하다는 뜻이다. 포트폴리오를 하도 많이 보니 내용을 일일이 확인하지 않고도 안에 어떤 구성으로 되어 있을지 맞출 수 있는 정도가 됐다.

아무리 실력이 좋더라도 학교에서 만든 프로젝트로만 구성한 포트폴리오는 다들 흐름이 비슷해서 좋은 인상을 주기 어렵다. 무엇보다 학교에서 진행한 프로젝트로는 디자이너로서 자신의 매력을 모두 보여 주는 것에 한계가 있다.

그래서 개인 프로젝트를 넣는 걸 추천하다. 개인 프로젝트는 자신의 관심사를 적극 반영하여 오랜 시간 동안 충분한 고민을 거쳐 완성되기 때문에 다른 사람이 한 프로젝트와 확실한 차별점을 갖고, 디자인을 향한 애정과 관심, 자신의 디자인 성향까지 어필할 수 있다. 게다가, 하나같이 바쁜 현대사회에서 여가 시간에 놀고 쉬기도 바쁜데 시간을 쪼개 개인 프로젝트를 한다면? 누가 봐도 디자인에 진심이라고 느낄 수밖에 없다. 이렇게 드러난 디자인에 대한 애정과 성향은 회사나 팀과의 방향성과 잘 맞는지 파악할 수 있는 아주 확실하고 중요한 지표가 되고, 담당자의 눈길을 끄는 데 유리하게 작용한다.

## 커스터마이즈 하기

다시 한번 말하지만 포트폴리오는 특정인에게 보내는 편지다. 이 말은 곧 최소한의 정성을 보여야 한다는 뜻이기도 하다. 단체 문자나 단체 이메일에는 잘 답하지 않는 것과 마찬가지라고 생각하면 쉽다. 아무리 좋은 내용이라도 여러 수신자에게 보낼 목적으로 작성된 글에는 마음이 잘 가지 않는다. 그리고 상대방은 그 목적을 매우 쉽게 간파할 수 있다.

포트폴리오도 마찬가지다. 하나의 포트폴리오를 이곳저곳 티 나게 뿌리고 다니는 건 정말 추천하지 않는다. 브랜딩 에이전시에 지원한다면 포트폴리오를 브랜딩 위주로 만들고, UX 분야에 지원한다면 UX 위주로 만들어야 한다. 아무리 완벽한 포트폴리오라도 모든 디자인 분야에 맞을 수는 없기 때문에 지원 분야나 회사에 따라 몇 가지 버전으로 포트폴리오를 커스터마이즈하는 게 필요하다. 이런 식으로 여러 버전의 포트폴리오를 만들어 두면 원하는 기회가 있을 때마다 빠르게 지원해 볼 수 있다는 장점도 있다. 여러 버전을 만들어야 하는 게 어렵게 느껴질 수도 있지만, 포트폴리오를 아예 새로 만드는 것이 아니라 페이지 순서와 구성만 바꾸면 되는 쉬운 작업이다.

덧붙이자면 자기소개서도 마찬가지다. '저는 형제가 몇 명이고 성실하고 열정적이고…'처럼 업무와 관련도 없고 뻔한 내용으로 가득 채운 자기소개서가 아닌, 자기 자신을 잘 드러내고 디자인에 대한 나만의 생각을 표현한 내용으로 작성해야 한다. 회사 이름을 직접적으로 언급하며 이 회사에 지원하게 된 이유나 평소에 이 회사를 동경하고 있었다는 내용의 정성을 담은 메시지를 적는 것도 좋다. 이런 자기소개서는 같은 내용으로 복사, 붙여넣기하면서 한 곳만 걸리길 바라고 뿌리는 자기소개서와는 벌써부터 격이 다르다. 이런 게 다 귀찮고 번거롭게 느껴진다고? 청춘을 바쳐 하루 중 가장 많은 시간을 보낼 회사에 대해 한두 마디 적는 게 어렵고 귀찮다면 차라리 취업하지 않는 편이 유익할 것이다. 자신과 회사에 모두.

## 파일 이름의 형식 갖추기

보통 한 회사가 구인 공고를 올리면 적게는 몇십 개에서부터 많게는 몇백 개의 포트폴리오가 접수된다. 이런 경우 포트폴리오 파일을 정리하는 데만 몇 시간씩 걸리기 때문에 사전에 파일 이름을 통일해 달라고 공지한다. 하지만 이렇게 공지해도 파일 이름이 제멋대로인 경우는 부지기수다. 심지어는 파일 이름이 '포트폴리오.pdf'이거나 '포폴 진짜 최종 버전.pdf'인 경우도 꽤나 많다. 이건 매우 아마추어 같은 행동이다.

이런 식으로 파일을 제출하면 누가 제출했는지도 알기 어려울 뿐더러, 흔한 이름은 다른 파일에 의해 덮일 수 있다. 그렇게 되면 그 포트폴리오는 아예 보지도 못하고 사라지게 된다. 밤낮 없이 열심히 만든 포트폴리오가 파일 이름 하나 때문에 허무하게 사라지는 건 정말 끔찍한 일이다.

때문에 담당자의 입장에서 파일을 최대한 빨리, 편하게 찾을 수 있도록 파일 이름을 정하는 게 좋다. 지원하는 회사에서 정해준 파일명이 있다면 그대로 작성하고, 특별한 공지가 없다면 '이름_전화번호_포트폴리오'나 '이름_전화번호_자기소개서'로 적는 게 좋다. 이름을 가장 먼저 적는 이유는 담당자가 이름을 기준으로 파일을 정렬할 때 한 지원자가 제출한 파일들을 한 번에 확인할 수 있기 때문이다.

파일 용량도 30MB 이하가 적당하다. 인쇄 버전도 아닌데 300dpi로 PDF를 뽑아서 파일 하나에 500MB인 경우도 봤다. 담당자의 메일함을 테러하려는 걸까? 72ppi로 설정해도 용량이 30MB가 넘는다면 '내보내기 이미지 퀄리티'를 조금 낮춰도 괜찮다. 담당자는 내가 보낸 파일만 받는 게 아니란 걸 명심하자.

포트폴리오에 이력서와 자기소개서를 첨부해서 하나의 파일로 제출하는 것도 좋은 방법이다. 포트폴리오, 이력서, 자기소개서를 개별 파일로 제출하면 담당자가 파일을 정리하는 데 시간도 오래 걸리고, 세 개의 서류를 번갈아 봐야 하니 완전히 집중하기도 어렵다. 인사 담당자의 이런 상황을 파악해 하나의 파일로 제출하면 담당자가 나의 지원서류를 더욱 집중해서 볼 수 있다.

## 저작권을 염두에 두기

이건 주니어 디자이너, 프리랜서 디자이너, 스튜디오를 운영
하는 디자이너에게 해당하는 이야기다.

밤을 새워가며 뼈를 깎는 고통으로 작업한 작업물의 저작권이
창작자가 아닌 클라이언트에게 있다는 건 아쉬운 사실이지만,
수임료를 받는 대신 권리를 넘긴 것이기 때문에 어쩔 수 없다.
하지만 비상업적인 목적으로 디자인 작업에 참여했다는 사실은
'경우에 따라' 밝힐 수 있다. 내가 작업한 결과물을 하루빨리
외부에 공개하고 싶은 디자이너들의 마음을 잘 알지만 이 부분
역시 조심해야 한다.

계약 내용에 따라 다르지만, 통상적으로는 클라이언트가
공식적으로 프로젝트를 발표한 다음에 프로젝트 공개가 가능
하다고 생각하면 편하다. 출시일에 맞춰 공개하기 위해 보안과
기밀 유출 방지에 힘쓰며 치밀하게 프로젝트를 준비하는데 디자
이너나 디자인 업체가 출시일 전에 클라이언트보다 먼저 제품
이나 서비스를 공개한다? 이건 말도 안 되는 일을 넘어 법적
분쟁에 휘말릴 수 있는 매우 위험한 행동이다. 그리고 아주 드문
경우에는 프로젝트가 공식적으로 대중에게 공개됐다 하더라도
클라이언트의 요청으로 디자이너, 디자인 업체의 공개가 불가

능한 경우도 있다. 매우 안타깝지만 디자이너 입장에서는 어쩔
도리가 없고, 따라서 포트폴리오 목적의 프로젝트 공개에 대한
사항들도 계약서에 명시해 둬야 한다.

그러면 이전에 다니던 회사에서 작업했던 작업물을 자신의
포트폴리오에 넣거나 개인 SNS 및 홈페이지에 마음대로 올려도
될까? 자, 이 부분은 최근 매우 논란이 되고 있는 부분이다. 잘
생각해 보자. 내가 디자인한 작업물은 클라이언트의 것이기도
하지만 이전에 몸담았던 회사의 것이기도 하다(내가 디자인했다고
디자이너 개인의 것이 아니라 내가 일했던 회사의 소유가 된다).
근로계약서상에도 회사에서 작업한 모든 결과물은 회사에 귀속
되는 것이라고 명시되어 있다. 만일 내가 일한 대가로 월급도
받고 디자인에 대한 권리까지 가져간다면 월급을 받을 이유가
없다.

따라서 비상업적 목적이더라도 포트폴리오나 개인 SNS에
올리는 것은 예민한 부분이라 회사에 미리 양해를 구하는 게
맞다. 작업물을 상업적 목적으로 사용하는 것이 아니라, 그저
내가 '디자인을 했다는 사실'을 밝히는 경우라면 대부분은
개인의 포트폴리오로 사용하는 것을 허용한다. 다만 내가 해당
프로젝트에서 어떤 역할을 했는지는 정확히 명시해야 한다.
명시 없이 프로젝트 이름만 기재하면 혼자서 다 한 것으로

오해할 수 있다. 그리고 더 중요한 것은 클라이언트의 요청으로 디자인 업체에서도 프로젝트 공개가 불가능한 경우에는 당연히 회사에 소속된 디자이너 개인도 절대 공개할 수 없다.

회사에서 내가 한 일이라고 그 작업물의 권리까지 내 것이 아니라는 걸 꼭 기억하면 좋겠다. 이런 일로 문제가 되어 소송까지 가면 이기고 지고를 떠나 굉장히 피곤해지니 불미스러운 일은 애초에 방지하는 게 최선이다.

디자인이라는 분야는 학벌, 나이, 배경 등 스펙보다 실력 즉, 포트폴리오가 표면적 스펙을 넘을 수 있는 몇 안 되는 분야다. 최소한 6개월에서 1년에 한 번은 포트폴리오를 업데이트하자. 기회는 언제 찾아올지 모른다. 잘 준비해서 원하는 성과를 꼭 이루길 응원한다!

# 디자인 어워드와 공모전은 무엇이 다른가요?
*What is the difference between design awards and contests?*

디자인 어워드와 공모전은 단순히 영어와 한글의 차이일까? 이 둘은 디자인을 제출한다는 것만 같지, 목적부터가 완전히 다르다. 공모전은 대체로 특정 기관에서 디자인이 필요하지만 디자인 프로젝트를 어떻게 진행하는지 모르거나, 디자인 스튜디오에 의뢰해서 비용을 쓰는 대신 비교적 저렴한 가격으로 해결하거나, 공모전을 통해 다수에게 자신들을 홍보하려는 목적 세 가지로 나뉜다. 주로 정부 기관이나 학교, 기업 등이 공모전을 선호하는데, 정부 기관이나 지자체에서는 포스터나 마스코트를, 대학이나 기업에서는 창립 또는 개교 몇 주년 기념을 위한 엠블럼 창작 등을 주제로 공모전을 개최한다. 대학생들이 많이 모이는 온라인 커뮤니티나 카페 등을 통해서 공모전을 홍보하고, 심사 위원을 섭외해 심사 및 수상을 하는 식으로 이루어진다. 자체적으로 진행하는 경우보다 대행사를 통해서 모든 것을 맡기는 경우가 더 많다.

공모전의 개최 목적을 통해서도 짐작할 수 있듯이 단점은
통상적인 디자인 의뢰 비용에 비해 상금이 터무니없이 작은
것이다(적게는 1/10의 수준도 있다). 그렇다 보니 실력 있는
디자이너나 에이전시는 공모전에 참여하는 일이 거의 없고,
결국 경험이 적은 학생들이나 비전문가가 참여하게 되어
제출물의 완성도나 레벨에도 한계가 생긴다.

심사 과정에 전문성이 결여된 경우가 많은 것도 단점이다.
어워드에 비해 심사위원의 디자인적 조예가 얕은 사람이 심사
하거나, 공무원과 같은 디자인 비전문가도 심사에 참여하기
때문에 누가 봐도 이상한 작업물이 수상작이 되기도 한다.
그렇기에 어워드와 비교했을 때 수상의 가치나 권위가 낮을
수밖에 없고, 포트폴리오에 쓸만한 퀄리티가 안 나오는 경우도
많다. 들인 시간에 비해 당선 확률이 굉장히 낮은 것도 문제다.
심지어 작품을 다 받아놓고도 심사위원들 마음대로 수상을 안
하는 경우도 있다.

공모전은 디자이너 입장에서뿐만 아니라 개최하는 입장에서
도 단점이 많다. 우선, 비교적 저렴한 가격에 디자인 결과물을
얻기 위해 공모전을 열어도 결과적으로 봤을 땐 그렇지 않은
경우도 많다. 홍보, 심사, 수상 과정에서도 인건비가 쓰이니
결과적으로 일반적인 프로세스와 비교하여 비용 차이가 없으니

말이다. 하지만 이보다 더 큰 문제는 공모전을 통해 알게 모르게
재능 기부를 권유하고, 디자인 업계에 열정 페이를 조장하고,
저작권까지 모두 가져간다는 것이다. 지금은 많이 사라졌지만
예전만 하더라도 수상작은 물론 비 수상작의 저작권까지 모두
주최 측에 귀속됐다. 수상도 안 시켜주고, 돈도 안 주는데
저작권을 가져가는 건 무슨 경우일까? 그래서 개인적으로는
경험을 쌓거나 수상금을 받는 게 목적이 아니라면 공모전은
추천하지 않는다.

   공모전과 다르게 디자인 어워드는 영리를 목적으로 한 사업
이다. 출품자, 즉 디자이너들을 상대로 수익을 창출한다고 생각
하면 쉽다. 어워드의 구조는 이렇다.

> 참가자가 디자인을 출품한다. → 심사위원이 심사를 '해 준다.' → 수상 혹은
> 탈락.

   어워드가 수익을 내는 방법은 크게 세 가지로 출품료, 수상
패키지, 스폰서십이 있다. 출품료, 수상 패키지, 스폰서십 비용은
어워드에 따라 다르지만 레드닷(Red Dot Design Award)의
2024년도 가격을 기준으로 출품료는 약 30~60만 원이고,

수상하면 내야 하는 상장이나 책 등 위너 패키지가 무려 약
400~600만 원이다. 좋은 디자인을 출품하는데 돈을 내야 하고,
그렇다고 수상을 못하면 출품료를 반환받는 것도 아니다.
수상하게 될 경우엔 내 디자인에 어워드 로고를 크게 새기는
것까지 돈을 내야 하는 신기한 시스템이다. 그럼에도 많은
디자인 업체와 디자이너는 수상을 꿈꾸며 몇십, 몇백만 원의
비용을 들여 디자인 어워드에 출품하려 한다. 그 이유는 뭘까?

　　그건 바로 어워드가 지닌 '권위' 때문이다. 우리나라만 두고
보더라도 실력 좋은 디자이너나 디자인 업체가 매우 많다. 다
자기들이 잘한다고 하고, 실제로도 그 말은 사실이다. 한마디로
경쟁자가 차고 넘친다. 때문에 아무리 좋은 제품과 브랜드라
해도 소비자에게 시간과 비용을 들여 홍보하지 않으면 잊히는
건 한순간이다. TV나 지면, 유튜브, SNS, 바이럴 마케팅 등 모든
수단을 동원해 품질과 기능은 물론이고, 가격과 디자인까지
어필한다. 그럼 그제야 소비자는 제품에 관심을 갖고 품질과
기능, 가격을 따져본다. 하지만 디자인은 이것들에 비해 개개인의
선호도를 많이 타기도 하고, 이 디자인이 구체적으로 어떻게
좋은 건지 알기 어려워서 구매를 망설인다. 바로 이때, 어워드
수상이 좋은 디자인 제품의 확실한 지표가 되고(어워드 수상
=좋은 디자인, 실력 있는 디자이너), 이는 비교적 객관적인

변별점이 될 수 있으므로 소비자, 클라이언트, 디자이너 모두에게 가치를 증명하는 좋은 수단이 된다.

우리나라에서 흔히 세계 3대 디자인 어워드라고 불리는 어워드는 다음과 같다.

첫 번째는 레드닷(Red Dot Award)[11]이다. 세계에서 가장 널리 알려진 디자인 어워드로, 1955년도부터 시작해 깊은 역사를 자랑한다. 출품 분야는 제품 디자인, 커뮤니케이션 디자인, 콘셉트 디자인의 세 분야로 나뉜다. 국내 기업에서도 가장 많이 출품하는 디자인 어워드 중의 하나로 수상할 시 언론에 보도될 만큼 선호도가 굉장히 높다.

두 번째는 아이에프 디자인 어워드(iF Design Award)[12]다. 레드닷과 마찬가지로 독일에서 설립됐고, 1954년도부터 시작된 유서 깊은 어워드로 독일 국제포럼디자인(International Forum Design)이 주관한다. 제품 패키지, 시각 디자인, 인테리어, 서비스 디자인, 콘셉트 디자인, 건축 디자인 등 총 7가지의 세분화된 디자인 분야를 다루고 있으며 굉장히 유명하고 인지도 있는 어워드다.

---

[11] red-dot.org
[12] ifdesign.com

세 번째는 아이디이에이(IDEA)[13]다. 미국 산업디자인협회 (Industrial Design Society of America)에서 주관하는 디자인 어워드로 운송, 브랜딩, 엔터테인먼트, 환경, 리빙, 라이프 스타일, 헬스케어 패키지, 서비스 디자인 등 정말 많은 분야를 다룬다. 다만 역사와 권위를 두고 비교했을 때 앞서 말한 레드닷과 아이에프보다는 조금 부족한 것이 사실이다.

이외에도 이탈리아의 에이디자인(A' Design Award& Competition), 전 세계 최대 규모 패키지 큐레이팅 사이트에서 야심 차게 만든 다이라인(Dieline Awards), 우리나라의 굿디자인 (Good Design Award)과 잇어워드(Design iT Award)도 있다. 기타 여러 어워드와 폭발적인 산업력에 힘입어 우후죽순 생겨나는 중국의 디자인 어워드까지, 지금은 뭐가 뭔지 모를 정도로 매우 많은 어워드가 존재한다.

어워드는 영리 목적의 사업이기 때문에 최대한 많은 사람으로부터 출품료를 받아야 하고, 최대한 많은 사람의 출품료를 받아내기 위해선 어워드의 권위를 갖춰야 한다. 그러면 여기서 궁금증이 생길 수 있다. 과연 어워드의 권위와 가치는 어떻게 높이는 걸까?

---

[13] idsa.org (IDEA는 2007년도 'Industrial Design Excellence Awards'에서 'International Design Excellence Awards'로 이름을 변경했다.)

그건 바로 ①유명한 심사위원을 섭외하고, ②유명한 디자이너나 에이전시에게 우리 어워드에 출품하라고 부탁하는 방법을 통해 이루어진다. 미니멀리스트의 경우 국내, 아시아권, 유럽권 신생 어워드에서 종종 연락을 받는다. 대놓고 작품을 콕 집어서 출품을 요구하는 경우도 있다. 이런 경우엔 상의 색깔에만 차이가 있지 대부분은 수상으로 이어졌다.

어워드 출품에 적은 돈이 드는 게 아니고, 매우 다양한 어워드가 있기 때문에 디자이너 입장에서는 고민이 될 수밖에 없다. 개인적으로는 어워드 수상 덕을 확실히 보고 싶다면 세계 3대 어워드에 해당하는 레드닷, 아이에프, 아이디이에이를 추천한다. 3대 어워드의 출품료가 비싸게 느껴지거나 수상의 난이도가 너무 높다고 생각한다면 이탈리아의 에이디자인 어워드, 패키지 쪽이라면 펜타워즈(Pentawards)를 추천한다. 이외에도 많은 어워드가 존재하지만 이력서에 있으나 마나 한, 영향력이 미미한 어워드도 많으니 주요 어워드가 아니라면 비싼 출품료는 아끼는 게 좋다.

각 어워드마다 출품 시기에 따라서 그리고 제품 디자인, 시각 디자인, 콘셉트 디자인 등 카테고리에 따라서 출품료가 크게 다르니 홈페이지에서 꼭 확인하길 바란다.

# 기회를 직접 만드는 취업 준비 방법

*An active way to prepare for employment*

디자이너 취업을 준비하는 사람 중 가장 답답하고 안타까운 유형은 수동적으로 구직을 준비하는 사람들이다. 언제까지고 마음에 드는 공고가 나길 기다리는 유형이 바로 여기에 해당한다. 그렇다면 혹자는, '공고가 나야 지원하든지 말든지 하지. 능동적인 방법은 도대체 뭐길래?' 하는 의문이 생길 수 있다.

일반적인 구직 방법은 '①공고를 기다린다. → ②공고를 본다. → ③지원한다.'이지만 구직자가 먼저 회사에 문을 두들기는 식으로 콜드 메일(Cold Mail)[14]을 보내는 방법도 있다. 특히 이 방법은 실력은 뛰어나지만 규모는 비교적 작은 부티크(Boutique) 디자인 스튜디오에 사용하기 적합한 방법이다.

---

[14] 보거나 만난 적 없는 수신자에게 사전 연락 없이 보내는 이메일로, 주로 제안이나 마케팅 등의 목적으로 발신한다.

## 관심 있는 디자인 스튜디오의 인스타그램 팔로우하기

부티크 스튜디오는 사람인이나 인크루트 같은 구인 사이트에 공고를 잘 올리지 않는다. 불특정 다수를 대상으로 하는 사이트에 공고를 올리면 너무 많은 지원자가 몰리기도 하고, 이 스튜디오가 어떤 디자인을 하는 곳인지도 모르고 단순히 디자이너를 구한다니 그냥 무턱대고 '지원하기' 버튼을 눌러 지원하는 경우가 많기 때문이다. 우리 스튜디오도 구직 사이트에 공고를 올려본 경험이 있는데 지원자가 그렇게 많았는데도 그중에서 우리 스튜디오와 결이 맞는 디자이너를 찾기 쉽지 않았다.

앞서 말한 부티크 디자인 스튜디오들은 인스타그램을 통해 구인 공고를 올리는 것이 일반적이다. 그래서 관심이 있는 스튜디오의 인스타그램을 팔로우하고 업로드되는 게시물을 수시로 찾아보면 구인 공고가 올라왔을 때 누구보다 빠르게 지원할 수 있다. 물론 관심 있는 스튜디오의 웹사이트나 비핸스를 자주 찾아보는 것도 방법 중 하나다.

## 콜드 메일 보내기

'직원을 구하지 않는 스튜디오에 지원하면 나를 이상하게 생각하지 않을까?' 생각하는 사람도 많겠지만 절대 그렇지 않다.

반대로 생각해 보면 사람을 뽑지도 않는데 누군가 이메일로
포트폴리오를 보내고 스튜디오에 대한 애정을 드러낸다면
스튜디오 입장에선 크게 감동할 수밖에 없다. 우리 스튜디오의
작품을 좋아하고, 우리 디자인에 공감해 주는 사람이 있다는
것만으로도 고마움을 느낄 수밖에 없기 때문이다. 지원을
목적으로 한 콜드 메일을 좋지 않게 보는 경우는 거의 없다
(만약 그런 스튜디오가 있다면 그곳은 거르면 된다).

　'콜드 메일을 보냈는데 안 뽑히면 어떡하나요?' 뽑히지 않아도
내가 손해 볼 건 전혀 없다. 시간 낭비한 거라고? 디자이너라면
누구나 포트폴리오와 이력서를 가지고 있을 테니 메일을 작성하는
10분만 투자하면 된다(다만 갖고 있는 포트폴리오와 이력서가
없다면 크게 반성해야 한다). 무엇보다 애초에 직원을 구하는 곳이
아니었으니 큰 기대 없이 그냥 보내 보자. 이 과정이 쓸데없는 건
전혀 아닌 게, ①당장은 직원을 구할 계획이 없어도 스튜디오의
방향성에 크게 공감하는 디자이너라면 함께 일해도 좋겠다고 생각
해서 면접을 보게 될 수도 있고, ②프로젝트에 일손이 부족한 경우
함께 일해 보지 않겠냐는 제안을 받을 수도 있다. 나중에 정식
채용 공고를 내더라도 다시 지원하면 채용 공고를 내기도 전에
스튜디오에 대한 관심을 보이고 연락을 줬던 사람이니 스튜디오

대표나 인사 담당자는 당신의 이름을 기억하고 있을 것이다. 당연히 당신의 포트폴리오에 더 많은 관심과 애정을 갖고 볼 수밖에 없다. 그러니 콜드 메일을 보낸다고 해서 손해 볼 것은 전혀 없다. 아니 오히려 무조건 이득이다.

이메일은 대략 이런 식으로 작성하면 좋다.

> 안녕하세요. OOO 디자인 스튜디오 대표님.
>
> 저는 평소에 OOO 디자인 스튜디오를 매우 동경해 왔던 디자이너 OOO입니다.
>
> 지금 채용 공고가 없는 걸 알기에 실례가 될지도 모르지만, 조심스럽게 이메일을 보냅니다.
>
> 저는 OO대학교 1학년 때 비핸스에서 OOO 스튜디오의 작업물을 보고 '나도 이 스튜디오에 들어가서 저런 디자인을 꼭 하고 싶다'고 생각했는데 어느덧 4학년이 되어 졸업을 앞두고 있습니다.
>
> 제 이력서와 포트폴리오를 보내 드리니 혹시나 사람을 뽑거나 다음에 좋은 기회가 생긴다면 함께 일해 보고 싶은 마음이 간절합니다.
>
> 향긋한 5월의 봄처럼 즐거운 하루 되시길 바랍니다. 감사합니다.
>
> OOO 드림

메일을 통해 감동을 주는 건 물론이고 심지어 스튜디오 대표는 뿌듯함에 눈물을 훔치고 있을 수도 있다(내가 울어 봐서 안다).

좋아하는 일을 업으로 삼고 살아가며 느끼는 것은 좋아하는 일을 한다는 건 그 일을 기다리기만 하는 게 아니라 기회를 직접 만들어낼 줄도 알아야 한다는 것이다. 이렇게 문을 두드리다 보면 어떤 기회가 내게 찾아올지 모른다. 설령 내가 기대한 일이 생기지 않더라도 적극적으로 자신의 매력을 보여 주고, 진심을 전하고, 꾸준히 기회를 만든다면 후에 어떤 일이든 멋지게 해낼 수 있을 것이다. 그러니 어서 문을 두드리러 가보자!

# 면접을 준비할 때 알아두면 좋을 것들
*Things to know when preparing for an interview*

이력서와 포트폴리오까지 성공적으로 만들고 서류 심사까지 합격했다면 이제 면접이다. 면접을 앞두고는 이력서와 포트폴리오를 만들 때는 느껴 보지 못한 긴장감을 느끼기 시작한다. 그토록 가고 싶던 회사고, 면접을 봐야 결과가 나오든 말든 할 텐데 어떻게 해서든 면접만큼은 생략하고 싶은 이 아이러니한 마음!

### 면접관도 면접을 앞두고 긴장한다고?

놀랍게도 대기업 인사담당자들도 구직자들처럼 면접을 앞두고 많이 긴장한다고 한다. 회사를 대표해서 사람을 뽑는 거고, 면접관의 평가와 선택이 회사에 큰 영향을 끼치기 때문이다. 대기업 인사담당자도 그런데 비교적 작은 규모의 기업이나 에이전시, 스튜디오의 면접관은 그 부담이 더 할 것이다.

'나만큼은 아니겠지만 면접관도 긴장하고 있다!' 라는 사실을 아는 것 하나만으로도 멘탈 케어에 큰 도움이 된다. 편한 마음에서 비롯한 진심이 담긴 인사와 미소 하나로도 면접의 분위기가 달라질 수 있다는 걸 기억하고 면접관의 입장을 헤아려 보자. 믿어 보시라, 미소 띤 얼굴 하나가 여러분을 얼마나 유리한 시작점에 데려다 놓는지를!

## 면접은 시험당하는 자리가 아닌, 나를 어필하고 그곳이 어떤 곳인지 알아보는 자리!

'제발 나 좀 뽑아주세요.' 하는 자세도 무작정 긴장하는 것만큼이나 유익하지 않다. 무엇보다 그런 자세로 면접에 임하면 결과가 좋지 않다. 아무리 구직이 힘든 시대고, 회사가 급여를 주는 입장이라지만 반대로 생각해 보자. 내가 아무 것도 안 하고 돈을 받는 게 아니지 않나? 나 역시 돈을 받는 대가로 노동력을 제공하기 때문에 비굴한 자세로 면접에 임할 필요가 전혀 없다.

통상 디자이너는 다른 직종에 비해 야근도 많이 하고, 집에서 보내는 시간보다 더 많은 시간을 회사에서 보낼 때도 많다. 부모님과 사랑하는 친구들, 연인보다도 더 많이 보는 사람들이 회사 동료일 수 있다. 한마디로 회사는 여러분의 시간과 노력, 청춘을 바치는 정말 중요한 공간이다. 디자이너의 삶에 있어 회사는 이렇게 큰 의미를 가진다. 바꿔 말해 면접관들이 우리를 보는 것만큼이나 우리도 회사를 깐깐하게 알아보는 게 맞지 않을까? 그러니 면접 때 '제발 뽑아주세요'하고 주눅 들지 말고 이곳이 어떤 곳인지 충분히 알아보자. 정말 내 시간과 청춘을 바쳐 일할 만한 곳인지, 내가 성장하고 발전할 수 있는 곳인지 세세하게 알아보고 결정해야 한다. 회사가 면접자에게 질문하는 것처럼 면접자도 면접을 통해 회사의 비전과 급여, 복지, 야근 등에 관해 물어볼 수 있어야 한다.

## 면접=소개팅

면접은 정말 소개팅과 놀랍도록 비슷하다. 소개팅에 있어 가장 중요한 건 서로 호감을 느끼는 것이고, 이렇게 마음이 통할 때 성공적인 소개팅이 된다. 면접도 똑같다. 내가 회사의 마음에 들어야 하는 것처럼 회사도 나의 마음에 들어야 성공적인 면접이 된다. 물론 구직자의 입장에선 회사가 마음에 들어 지원한 것이니 간절한 마음이 앞설 수 있다는 건 충분히 이해한다. 그래도 너무 저자세로 면접에 임하지 말고, 마음에 들어 지원한 회사가 정말 좋은 회사인지 재점검하는 기회로 삼아야 한다.

면접에 저자세로 임하지 않을 준비가 됐다면 자신을 최대한 어필하는 것도 가능해진다. 하지만 과장은 하지 말아야 한다.

참여했던 프로젝트는 어떤 것이고, 장점은 무엇인지 어필하는 건 당연히 좋지만, 자기 능력을 과대 포장한다거나 허세를 부리는 건 좋지 않다. 설령 그렇게 해서 입사하더라도 실무를 하며 다 드러나게 되고 결과적으로 서로 입장만 난처해지기 때문에 능력이나 경력을 과장하는 것은 절대 금물이다.

면접 복장도 중요하다. 소개팅을 나갈 때 운동복에 슬리퍼를 질질 끌고 가지 않는 것처럼 면접을 보러 갈 때도 예의를 갖추되 나를 잘 보여줄 수 있는 옷을 입고 가는 게 좋다. 회사의 성격이나 분위기에 따라 다르지만, 개인적으로는 최대한 정갈하고 단정한 복장을 추천한다. 면접 복장이 정해진 것 없이 자유 복장이라면 여성의 경우 셔츠와 스커트, 혹은 블라우스와 슬렉스, 남성의 경우 슬랙스와 깔끔한 니트, 또는 셔츠처럼 너무 딱딱하진 않지만 적당히 예의를 갖춘 복장을 하고 가는 것도 좋다.

최근에 스레드(Thread)에서 읽은 흥미로운 글이 있다. 20대 청년이 반바지에 크록스를 신고 당당하게 면접에 왔다는 내용의 글이었다. 자기는 어디를 가도 절대 양복 따위는 안 입는다고 자신 있게 말했고 추후 채용에 탈락했는데 자기는 인정할 수 없다, 왜 내가 안 된 거냐며 화를 내고 따졌다고 한다.

글을 읽은 대부분의 사람이 TPO[15]를 언급하며 구직자의 태도를 이야기하였는데, '뭐가 문제인지 모르겠다'는 댓글도 더러 볼 수 있었다. 복장에 대한 부분을 잘못 설명하면 매우 고지식하게 들릴 수 있어 역시 소개팅으로 비유를 해 보겠다.

이런 사람이 있다고 생각해 보자. '나는 충분히 매력 있고 멋진 사람이다. 그러니 옷이나 머리 등 표면적인 부분으로 나를 판단하게 하기는 싫다. 그러니 나는 반바지에 슬리퍼를 신고 당당하게 소개팅에 나갈 것이다.' 이 사람은 자신이 생각하는 대로 정말 멋진 사람일지도 모른다. 하지만 상대방이 처음 만난 그의 모든 것을 알 길은 없다. 추후 연인이 되고 그 사람의 진심과 본성, 매력을 알고 난 뒤에는 실제로 어떤 옷을 입는지, 무슨 신발을 신는지가 전혀 중요하지 않을 수 있다.

하지만 상대방을 처음 만난 자리에서 내 가치관을 강요하며 왜 나를 몰라주냐고 표면적인 것으로 사람을 판단하냐고 억울해 할 수는 없다. 그것은 자유로운 것이 아니라 되려 유아적인 발상 이다. 입사 후 회사 복장 규정이 허락하는 내에서는 어떤 옷을 입어도 자유다. 하지만 면접 자리는 회사에 좋은 인상을 남겨주고 예의를 차려야 하는 자리다. 구직자 역시 면접 자리에서 처음 보는

---

[15] Time, Place, Occasion의 약어로 시간과 장소, 때에 맞게 행동해야 함을 뜻한다.

인사 담당자가 반말한다거나 예의 없게 굴거나 하는 것은 원치 않을 것 아닌가?

**면접 후에도 좋은 인상을 남기자!**

한 회사에서 구인 소식을 알리면 구직자는 한 번 지원하겠지만, 인사 담당자는 수십 또는 수백 개의 지원서류를 받는다. 수많은 지원서류를 일일이 검토한 후 면접자를 추려내고, 한 면접자당 적게는 15분에서 많게는 한 시간 혹은 그 이상의 시간 동안 면접을 본다. 이러다 보면 면접관도 사람인지라 많이 지치고, 면접자가 좋거나 나쁜 의미로 특별하지 않은 이상은 모두 비슷하게 느껴지기 쉽다.

그렇다면 이때 도움이 되는 방법은 면접의 마지막 순간이나 면접이 끝난 후에 면접관에게 나를 각인시킬 수 있는 물건이나 인사로 좋은 인상을 남기는 것이다. 가장 기본적인 건 명함이다. 면접 후 명함을 주면 면접관에게 나를 다시 한번 상기시킬 수 있다. 직접 만든 물건을 주는 것도 좋다. 나는 실제로 면접 후에 면접자가 직접 만든 수제 캔들을 선물로 받은 적이 있다. 그 면접자는 우리 스튜디오의 프로젝트에 감명받아 만든 캔들이라며 선물을 줬다. 쿠키를 만드는 게 취미라며 직접 만든 쿠키를 준 면접자도 있었다(물론 이 방법은 회사 분위기에 따라 다르게 받아들여질 수 있다).

만일 명함이나 선물을 주는 게 부담스럽게 느껴진다면 이메일이나 문자를 남기는 것도 좋은 방법이다. 면접관의 다른 면접 일정도 고려하여 면접이 끝나고 2~3시간 후에 이메일이나 문자로 간단하게 연락을 남겨 보자. 개인적으로는 메일보다 문자를 더 추천하며, 업무 시간 내 전화는 방해가 될 수 있으니 전화는 가급적 피하는 게 좋다. 대략적인 내용은 다음과 같다.

> 평상시에 동경하던 회사였는데 직접 뵙고 이야기를 하니 더 일하고 싶은 생각이 들었습니다. 오늘 귀한 시간 내주셔서 감사하고, 꼭 함께 일할 수 있는 기회가 생기면 좋겠습니다. 좋은 하루 보내세요. :)

포트폴리오가 괜찮으니 면접도 봤겠다, 면접에서 특별히 부정적인 인상을 주지 않았다면 이 문자를 통해 합격에 더욱 가까워질 수 있다.

내가 이렇게 조언할 수 있는 이유는 면접관으로서 직접 경험해 봤기 때문이다. 이런 면접자들의 포트폴리오는 두세 번 더 보게 되고, 면접이 조금 아쉬웠더라도 회사와 디자인에 대한 진정성과 애정이 느껴졌기 때문에 다시 생각하게 된다. 무엇보다 이런 면접자들은 함께 일했을 때 단 한 번도 나를 실망시키지 않았다.

갈수록 일자리는 줄어들고, 짧지 않은 시간 동안 취업을
준비하는 사회초년생의 마음을 알기에 여유가 없고 어디라도
취업하고 싶은 심정을 이해한다. 하지만 사회생활을 먼저 해 본
입장으로서 건넬 수 있는 조언은 준비된 사람에겐 기회가 반드시
찾아온다는 것과 일하게 될 회사의 환경이 앞으로의 커리어에
정말 많은 영향을 미칠 수 있다는 것이다(특히 첫 직장은 더더욱).
그러니 힘들겠지만 조금만 더 마음의 여유를 갖고 임해 보자.
나에게 가장 잘 맞는 조건과 환경에서 디자이너로 살아갈 날,
그날은 반드시 온다.

# 인하우스 vs 에이전시

*In-house Designer vs Agency Designer*

디자인에 관한 기본적인 공부를 마치고 사회에 나갈 준비를 할 때가 되면 누구나 하는 고민이 있다.

'인하우스 vs 에이전시'

프리랜서로 일하거나 직접 스튜디오를 차리지 않으면 결국 회사에서 일하는 방향으로 취업의 진로를 정할 텐데, 제자들과 주변의 디자이너 지망생들에게 인하우스 디자이너와 에이전시 디자이너가 구체적으로 무엇이 다른지 종종 질문을 받는다.

주변 선후배, 교수님이나 유튜브 영상을 통해 어느 정도 들어는 보았지만 막상 경험을 해 보지 않았으니 표면적으로 알고 있는 경우가 많다. 대부분 인하우스 디자이너는 근무 조건이 좋으니 에이전시 디자이너보다 낫다고 아는 경우가 많은데, 완전히 틀린 말은 아니지만 그것이 다는 아니다. 무엇보다 제한적이거나 주관적으로 해석된 정보를 바탕으로 미래의 방향을 정하는 것은 매우 큰 리스크가 따르는 위험한 일이다.

## 인하우스와 에이전시 디자이너는 어떻게 다를까?

인하우스(In-house)는 '회사 내부의'라는 뜻으로, 인하우스 디자이너는 디자인 에이전시의 디자이너처럼 디자인만 전문적으로 하는 회사에 속한 디자이너가 아니라 가전제품, 식품, 화장품 등 디자인 이외의 다양한 분야의 회사에 소속된 디자이너를 말한다. 한마디로 회계, 마케팅, 인사, 생산, 관리 등 회사의 여러 업무 중 디자인 업무를 담당하는 사람이 인하우스 디자이너다. 인하우스 디자이너는 같은 디자이너 외에도 다양한 직군의 동료들과 함께 일을 하고, 주로 회사의 제품이나 서비스 디자인을 담당하며, 프로젝트 규모가 커서 외주 업체와 함께 일해야 하는 경우엔 업체 관리 및 업체와의 커뮤니케이션 역할을 맡는다.

반면 디자인 에이전시는 디자인만 전문으로 하는 회사로, 제품, 브랜딩, 공간, 영상, 캐릭터 등 다양한 분야의 에이전시가 있다. 회사 내 구성원은 대부분 디자이너이고, 적게는 한 명 (1인 스튜디오)에서 많게는 100명 이상의 규모로 구성되어 있는데, 이처럼 에이전시 규모가 큰 경우에는 디자이너뿐만 아니라 개발자, 기획자가 함께 근무한다. 에이전시에 소속된 디자이너의 주요 업무는 기업이나 브랜드와 같은 클라이언트가 의뢰한 외주를 받아 디자인하는 컨설팅 업무가 주를 이룬다.

## 디자인 에이전시와 디자인 스튜디오의 차이점은 뭘까?

많은 사람이 에이전시와 스튜디오를 헷갈려 하고, 실무에서도 다양한 기준으로 구분한다.

우선 업무의 성격에 따라 구분한다. 앞서 이야기한 것처럼 에이전시는 외주 대행을 전문으로 하지만 스튜디오는 자체 콘텐츠를 만드는 곳이다. 만일 캐릭터 디자인 스튜디오라면 클라이언트로부터 외주를 받아 이모티콘 등을 디자인하는 것 외에도 그 스튜디오만의 콘텐츠와 상품을 만들어 판매한다.

둘째, 에이전시와 스튜디오는 규모에 따라 구분하기도 한다. 스튜디오는 에이전시에 비해 소규모로 운영되며, 보통 2인에서 10인 이내로 구성된다. 대규모 디자인 업체가 스스로를 스튜디오라고 소개하거나 1~2인 규모의 업체가 자신들을 에이전시라고 하는 경우는 거의 없다.

## 연봉은 어디가 더 높을까?

급여와 관련해서는 무조건 인하우스가 더 많이 받는다고 보는 것이 맞다. 예외는 거의 없다고 봐도 된다. 에이전시의 연봉이 낮은 이유에 대해서 예전부터 말이 많은데, 가장 큰 이유는 디자인 업계의 외주 단가 때문이다. 집값도 땅값도 물가도 오르고 심지어 월급도—적게나마—올랐는데 디자인 외주 비용은 10년 전 그대로다. 아니, 심지어 일부 분야에서는 10년 전보다 외주 단가가 더 낮아졌다. 똑같이 일을 해도 디자인 회사의 매출은 전보다 줄어들고 있으니 당연히 에이전시 디자이너에게 큰 연봉 인상은 기대하기 어렵다. 일반적인 에이전시 디자이너의 연봉은 초봉 기준 2천만 원 초중반에서 3천만 원 이하인 경우가 대부분이다. 바꿔 말하자면 에이전시 디자이너의 초봉이 3천만 원 이상이라면 업계 평균보다 매우 높은 측에 속한다고 볼 수 있다. 분야에 따라 연봉도 조금씩 다른데 3D, 제품 디자인, 영상 디자인, 모션 디자인, UX 디자인 분야는 연봉이 높은 편이고 시각 디자인, 그래픽 디자인, 웹 디자인은 중간, 패션 디자인과 편집 디자인은 초봉이 낮은 편에 속한다.

그럼 인하우스는 어떨까? 에이전시 디자이너에 비해 인하우스 디자이너의 연봉 폭은 매우 큰데 그 이유는 회사의 규모에 따라 기본 연봉이 달라지기 때문이다. 즉, 회사의 평균 연봉이 높을 경우 디자이너의 연봉도 높아진다. 통상 대기업 인하우스 디자이너는 초봉 기준 4천만 원에서 5천만 원대까지 받고(상여금이나 인센티브 제외), 상대적으로 규모가 작은 기업이나 스타트업의 인하우스 디자이너는 2천만 원 후반에서 3천만 원 초중반까지 받는 것이 일반적이다.

## 에이전시는 무조건 야근을 많이 할까?

에이전시는 대체로 야근이 많은 편이다. 클라이언트가 요청한 일정 안에 프로젝트를 완수해야 하는데, 일정을 여유롭게 주는 경우는 드물다 보니 밤을 새우는 경우가 많다. 하지만 이 또한 편차는 분명 존재한다. 요즘은 에이전시에도 야근을 하지 않는 문화가 조금씩 자리잡고 있는 것을 보면 한마디로 케이스 바이 케이스, 회사 바이 회사, 담당자 바이 담당자다.

인하우스 디자이너라고 꼭 야근이 없는 것도 아니다. 제품이나 서비스 오픈 일정에 따라 인하우스에서도 야근이 많은 경우도 있으니 인하우스와 에이전시를 두고 고민할 때 선택의 절대적인 기준이 야근 여부가 되어서는 안 되겠다.

## 에이전시의 장점은 뭘까?

에이전시는 연봉도 적고 비교적 야근도 잦다 하니 장점이 하나도 없는 것 같겠지만 꼭 그런 것만은 아니다.

에이전시 디자이너의 장점은 우선 포트폴리오와 경험의 다양성이다. 대기업에서는 신입사원에게 중요한 프로젝트를 맡기거나 큰 역할을 주는 경우가 드물지만, 에이전시에서는 주니어 디자이너에게도 큰 프로젝트에 참여할 기회와 혼자서 일정 업무를 책임지고 담당할 기회가 자주 찾아온다. 그렇게 3~5년 차가 되고 경력이 쌓이면 인하우스 디자이너보다 다양성을 갖춘 포트폴리오를 만들 수 있게 된다.

나도 스튜디오를 운영하고 있다 보니 포트폴리오를 볼 기회가 자주 있다. 경험상 인하우스 디자이너로 활동했던 지원자들의 포트폴리오는 깊이는 있는 반면, 실험적인 부분과 프로젝트의 다양성 면에서 아쉬운 경우가 많았다. 그에 비해 에이전시에서의 경력을 지닌 지원자들은 한 가지 분야에 국한되지 않고 여러 분야와 성격을 가진 프로젝트를 경험한 포트폴리오를 보여주는 경우가 많았다. 그래서 결론적으로 포트폴리오의 깊이와 전문성을 추구한다면 인하우스를, 다양성과 폭넓은 경험을 추구한다면 에이전시를 추천한다.

## 인하우스의 장점은 뭘까?

인하우스 디자이너가 누릴 수 있는 가장 큰 장점은 높은 연봉과 복지가 아닐까 싶다. 다양한 분야의 사람들과 교류할 수 있다는 것도 장점이다. 인하우스 디자이너는 디자이너가 아닌 동료들과도 함께 일하며 다양한 관점과 의견, 정보를 접할 수 있다. 사회 생활과 인적 네트워크를 쌓는 부분에 있어서도 다양한 직군의 사람들과 일을 하는 것은 매우 큰 장점이기도 하다. 인하우스 디자이너의 또 다른 장점은 자신이 맡고 있는 분야에 대한 전문적이고 깊은 인사이트를 갖출 수 있다는 점이다. 에이전시는 통상 몇 개월에서 길면 1~2년 정도 한 업무를 담당하지만, 인하우스는 입사 후 부서나 팀이 바뀌기 전까지는 한 가지의 서비스와 제품, 프로젝트를 몇 년 이상 계속 담당하는 경우가 많기 때문이다. 예를 들어 F&B(Food and Beverage) 인하우스 디자이너로 10년 활동하면 식품 및 외식 관련 디자인에 있어선 그 누구도 따라올 수 없는 인사이트를 쌓을 수 있을 것이다.

인하우스와 에이전시를 여러 관점에서 비교하며 각각의 특징과 장단점을 정리해 봤다. 새삼스럽지만 세상은 참으로 재미있는 곳이다. 그렇게 고민하고 따져봐도 모든 것을 만족하는 선택지는 존재하지 않는다. 처우와 연봉, 복지가 가장 중요한 조건이라면 인하우스에 가는 게 맞지만, 다양한 경험을 하고 탄탄한 포트폴리오를 짜고 싶다면 에이전시가 더 유리할 수 있다.

무엇보다 중요한 건 디자인을 즐기고 커리어 패스(Career Path)를 통해 성장할 수 있도록 경험과 경력을 쌓아가는 것이니 각자의 실력과 상황에 맞게 미래를 그려가길 진심으로 응원한다!

# 포트폴리오와 연봉,
# 두 가지를 모두 잡을 수 있는 비밀

*Big-picture career roadmap*

## 큰 그림 그리기

내가 원하는 디자인을 마음껏 하며 자아실현도 하고 좋은 처우도 받고 실력도 쌓으면 좋겠지만 앞서 말한 것과 같이 모든 조건을 충족할 수 있는 곳을 찾기란 매우 어렵다. 그래서 전략적인 선택과 로드맵을 통해 연봉과 포트폴리오, 실력까지 모두 만족할 수 있는 커리어 패스 꿀팁을 소개할까 한다.

처음부터 대기업 인하우스 디자이너가 되면 좋겠지만 요즘 경제 상황으로 인해 대기업 신입사원 채용의 문 자체가 많이 좁아졌다. 그렇다면 주니어 때부터 정말 많은 일을 경험할 수 있는 에이전시나 스튜디오에서의 출발은 어떨까? 에이전시 디자이너로 시작해서 실력을 쌓아 멋진 포트폴리오를 만들고 대기업으로 이직하여 연봉을 높이는 것도 좋은 방법이다.

특히나 졸업을 앞둔 학생이거나 사회초년생이라면 곧장의 1~2
년만 내다보는 것보다 긴 호흡을 가지고 5년 이상의 로드맵을
차근차근 그려가는 것이 좋다.

먼저 규모에 상관없이 자신이 생각하는 디자인 방향성과
일치하는 디자인 에이전시나 스튜디오를 찾아보자. 연봉은 당연히
내 예상보다 적을 수 있지만 미래를 보며 더 큰 꿈을 꾼다면
당장의 급여보다는 실력과 경험, 포트폴리오 만들기에 집중해
보자(물론 열정페이를 받으라거나 돈을 받지 않고 일하라는
건 절대 아니다). 규모가 작은 회사일수록 신입이나 주니어
디자이너가 맡는 역할이 월등하게 크다. 비슷한 연차의 대기업
인하우스 디자이너라면 5년 차 이상의 선임이 해야 할 업무를
에이전시에서는 1, 2년차 신입 디자이너가 도맡아 업무를 하는
것이 낯선 광경이 아니다. 이런 식으로 실력을 쌓다 보면 3~5년
차가 되었을 때는 사수 없이도 하나의 프로젝트를 끌어 나갈
수 있는 역량을 갖추게 되고, 이는 곧 이직할 준비가 되었음을
의미한다.

왜 굳이 3~5년 차일까? 그 이유는 3~5년 차는 완전 신입과는
다르게 자신만의 경험과 역량으로 프로젝트를 관리할 수 있는
능력이 있기 때문이다. 이는 대부분의 회사가 별도의 교육과
프로그램 없이 실무에 바로 투입 가능한 인재를 채용하고 싶어하는

상황과도 부합한다. 에이전시를 운영하는 주변의 대표님들 얘기만
들어봐도 공들여 키워놓은 직원들이 3~5년 차가 되면 회사를
나가 스튜디오를 차리거나 대기업으로 이직하는 경우가 많다고
한다. 심지어 어떤 대표님은 '디자인 에이전시가 대기업을 가기
위한 사관학교가 된 것 같아 씁쓸하다'고 까지 표현하셨는데,
개인적으로도 무척 공감하는 부분이다. 당장 작년만 하더라도
2명의 3년 차 디자이너가 미니멀리스트를 그만두었으니 말이다.
직접 스튜디오를 운영하는 대표 입장에서는 별로 밝히고 싶지
않은 꿀팁이지만 여러분들의 미래를 위해 과감히 공유했음을
꼭 알아주기 바란다. 더불어 에이전시, 스튜디오 대표님들께
심심한 사과의 말씀을 전하는 바이다.

## 실력과 함께 커지는 연봉

연차보다 중요한 건 바로 실력이다. 실력도 별로고 책임감도
없고, 회사에 대한 눈곱만큼의 애정도 없이 월급만 받아 가는
디자이너가 연차가 쌓였다는 이유로 높은 연봉을 요구한다면?
그 어느 회사도 쉽사리 요구를 들어주지 않을 것이다.

일반적으로 디자인 에이전시의 연봉 평균 인상률은 2~5%
이다. 물론 상황에 따라 동결되거나 더 주는 경우도 있지만
2~5%가 일반적인 수준이다. 누구는 2~5%를 크게 개의치

않아 할 수 있지만 누군가는 더 높은 인상률을 원할 수도 있다 (물론 후자가 더 많겠지만). 만일 평균적인 인상률이 아닌 그 이상의 인상을 요구하고 싶다면 회사에 기여한 바가 확실해야 할 것이다.

회사 대표와 직접 소통하며 유대감을 가질 수 있는 규모의 회사인 경우라면 앞으로의 성과를 약속하고 연봉을 인상하는 것도 가능하다. 예를 들어 제품 디자인 회사에서 제품의 사진 촬영을 전문 사진 작가나 스튜디오에게 외주를 맡기고 있다고 하자. 외주를 맡기던 사진 촬영을 내부 디자이너가 대신할 수 있다면? 디자이너와 회사 모두에게 이익이 된다(물론 업무에 필요한 스킬을 배울 수 있도록 회사에 교육을 요청할 수 있다). 회사 입장에서는 외부에 의뢰하던 비용을 아낄 수 있으니 디자이너의 연봉을 인상하는 부분에 대해서 손해 볼 것이 없을 것이다.

다만, 회사의 입장에서 성과를 내고 나면 연봉을 인상해 주겠다는 조건보다는 디자이너가 먼저 성과에 대한 목표치를 약속하고 미리 연봉 상향을 요구하는 방법을 추천한다. 여러분 입장에서는 금전적인 보상과 확실한 동기부여를 얻을 수 있고 회사 입장에서도 명확한 목표를 설정할 수 있기 때문이다.

　세상에 돈이 중요하지 않은 사람이 몇이나 될까? 우리는 라면 하나를 살 때 몇십 원이라도 더 싸게 사기 위해 인터넷 최저가를 찾고 또 찾는다. 하지만 아이러니하게도 자신의 연봉을 협상하는 일에 관해선 소극적인 경향이 있다. 디자인에 대한 애정? 자아실현? 모두 좋다. 하지만 합리적인 대가가 우선시되어야 애정과 자아실현에 대한 욕구도 지속될 수 있다. '이 정도만 받으니까 딱 이 정도만 일해야지' 하는 생각은 디자이너와 회사 모두에게 치명적이다. 디자이너와 회사 모두 서로의 발전을 위할 수 있는 환경이 대한민국 디자인 업계에 자리 잡기를 바란다.

# 명함을 디자인할 때 명심할 것

*Things to keep in mind when designing business cards*

명함은 이력서나 포트폴리오 못지않게 자신의 디자인 실력을 보여줄 수 있는 좋은 수단이다. 때문에 프리랜서 디자이너는 물론이고, 실무 디자이너로서 본격적으로 활동하기 전인 학생일 때도 본인만의 명함으로 자신을 알리고 홍보하는 것을 적극 추천한다.

그렇다면 손바닥보다도 작은 명함에 어떤 정보를 어떻게 담아내면 좋을까? 명함이라고 너무 만만하게만은 보지 마시길. 미리 말하자면 이 작은 종이 한 장을 디자인하는 방법에는 여러분이 상상도 못한 실로 많은 비밀과 팁이 숨겨져 있다!

## 크기

보통 디자이너들이 명함을 디자인할 때 레이아웃이나 타이포그래피에만 신경 쓰지, 명함 크기에 대해서는 크게 고민하지 않는 것이 사실이다.

나라마다 명함의 표준 크기가 다르다는 걸 모르지 않을까 싶다.

우리나라의 경우 가로 90mm에 세로 50mm 크기의 명함을 가장
많이 사용하지만, 나는 지금까지 명함을 디자인하면서 단 한 번도
대한민국 명함의 표준 사이즈인 90×50 크기로 명함을 디자인한
적이 없다. 왜일까? 우선 명함을 받으면 어떻게 하는지 생각해
보자. 날려 버리나? (명함을 버리는 사람은 상종도 하지 말자.)
지갑에 넣는다. 그런데 일반적으로 사용하는 크기인 90×50
명함을 지갑에 넣어보면 잘 들어가지 않는 것을 알 수 있다.
지갑에 안 들어가는 명함이라니….

그래서 나는 85×53인 독자적인 크기를 사용한다. 내가
디자인을 공부했던 호주의 표준 명함 크기는 85.6×53.98이다.
그리고 이 크기는 신용카드의 크기와 같다. 여기서 주목할 점은
신용카드 크기가 황금비율에 굉장히 가깝게 고안된 크기라는
점이다.[16] 디자인에 있어 황금비율 1.618보다 완벽한 비율이
있을까? 그리고 아무리 지갑이 작고 단순하게 디자인되었어도
신용카드가 안 들어가는 일은 절대로 없기 때문에 신용카드
크기에 맞춰서 디자인하면 어느 지갑에든 잘 들어간다. 이는
실용성 면에서도 더 나은 선택이다.

---

[16] 85.6×53.98mm의 비율은 1.586이고 황금비율은 1.618이다.

▲ 좌: 지갑에 잘 들어가지 않는 90×50 명함/ 우: 85×53 명함

그런데 왜 85.6×53.98이 아니라 85×53 크기로 조정했을까? 우선 명함을 발주할 때 소수점 이하의 mm는 기입을 못하는 경우가 많다. 두 번째로는 85.6×53.98의 비율이 1.586인데 비해, 85×53의 비율은 1.6으로 황금비율에 조금 더 가깝다. 즉 85×53 크기는 지갑에도 쏙 들어가고 보기에도 좋은 실용적인 크기라고 할 수 있다. (디자인이란 바로 이런 것이다!)

## 종이

우리는 일반적으로 종이의 두께를 말할 때 '두껍다' 혹은 '얇다'라고 한다. 하지만 디자인, 인쇄 업계에서 종이를 단순히 두껍다, 얇다고 말하면 자칫 풋내기 취급을 받을 수 있다.

단순히 종이의 두께를 말하기보다는 종이가 '얼마나' 무겁고 가벼운지 종이의 무게를 표현하는 단위인 GSM(Gram per Square Meter)을 사용해 말해야 한다. 이 단위는 1평방미터 (=제곱미터)당 종이의 무게를, 정말 더 쉽게 이야기하자면 가로×세로 1미터의 종이가 몇 그램 나가느냐를 의미한다.

예를 들어 우리가 정말 많이 사용하는 복사용지는 통상 $80g/㎡$ 이고, 화장품 패키지에 사용되는 종이는 $200~350g/㎡$이다. 그러면 똑같은 부피를 놓고 봤을 때 복사용지보다 화장품 용기에 사용되는 종이의 무게가 3~4배 이상 더 많이 나가게 되니까 종이가 두꺼울 수밖에 없다. 그래서 무거운 종이가 더 두껍고 가벼운 종이는 더 얇은 것이다. 이것을 우리는 평량($g/㎡$)이라고 부른다.

그렇다면 명함에 사용하는 적당한 평량은 어떻게 될까? 명함의 적당한 두께는 신뢰감과 직접적인 연관성을 갖는다는 것이 업계의 정설이다. 때문에 너무 가볍고 싼 종이나 필요 이상으로 평량이 높은 지류로 만드는 건 좋지 않다. 사회생활을 하며 인사를 하고 명함을 건네 받았는데 복사 용지처럼 찰랑하고 낭창한 명함이라면? 나라면 매우 당황스러울 것 같다. 반대로 명함이 두껍고 무겁다고 무조건 좋은 건 아닌 게, 명함이 너무 두꺼우면 보관도 어려워서 상대방 입장에서는 처치 곤란일 수 있다. 따라서 200~250g/㎡, 조금 더 무겁게(=두껍게)는 300g/㎡ 정도의 지류가 적당하다.

## 후가공

후가공은 말 그대로 인쇄하고 난 후의 가공을 뜻한다. 명함은 상대방이 보고 만지는 매체이며 인상에도 직접적인 영향을 주기 때문에 적절한 후가공은 긍정적인 인상을 얻는 데 도움이 된다.

명함에 자주 사용되는 후가공은 은박이나 금박 같은 박, 움푹 튀어나오는 엠보싱 형압, 푹 들어가는 디보싱 형압, 투명 안료를 사용하여 볼록하거나 광택감을 연출하는 에폭시, 그리고 UV 코팅 등이 있다. 후가공을 사용하게 되면 일반적인 명함과 비교했을 때 명함을 돋보이게 할 수 있다는 장점이 있지만, 너무 많은 후가공을 사용하면 제작도 까다롭고 환경에도 좋지 않으며 무엇보다 과해 보일 수 있으니 적당히 한두 가지를 섞어 사용하는 것을 추천한다.

## 폰트 크기

적지 않은 디자이너들이 자신이 작은 크기의 폰트를 좋아한다고 명함에 들어가는 모든 정보를 아주 작은 텍스트로 디자인하곤 한다(예를 들면 5pt라든지…). 명함을 혼자서만 보기 위해 만든다면 상관없지만, 명함의 용도가 나의 정보를 상대방에게 알리기 위함인 만큼 상대방이 정보를 편리하게 확인할 수 있는, 즉 명함의 본래 목적에 맞도록 적절한 텍스트 크기를 사용해야 한다.

디자인에 따라 다르지만 명함의 적당한 폰트 크기는 7~11pt로, 하나의 명함 안에서도 정보의 양이나 중요도에 따라 크기를 달리할 수 있다.

## 정보

이름, 전화번호, 이메일 주소, 주소는 명함에 필수적으로 들어가는 정보다. 이 정보들이 있어야 업무를 하면서 계약서를 보내고, 택배를 받고, 연락하고, 이메일을 쓰는 등 업무상 기본적인 소통이 가능하다.

필수 정보 외에 일하는 분야의 특성에 따라 회사 전화번호, 팩스 번호, 웹사이트 주소, SNS 주소 등을 추가할 수 있다.

## 배치

　명함에 기재될 정보가 정해지면 중요도를 고려해 적절히 배치해야 한다. 명함에서 가장 중요한 정보는 이름〉 전화번호〉 이메일〉 기타 정보 순이다.

　명함의 앞면에는 회사 로고를, 뒷면에는 개인 정보를 들어가게 디자인하는 것이 일반적인 규칙이다. 다만 외국계 클라이언트와 일하는 경우가 많다면 앞면에는 국문의 정보를, 뒷면에는 영문 (혹은 기타 외국어)의 정보를 배치하기도 한다. 이름을 제외하고 전부 영문으로만 표기하는 경우도 있으니, 명함의 앞뒷면에 어떤 정보를 어떻게 배치할 것인지는 명함을 쓰는 사람의 직업과 업계 특성을 고려하여 디자인하면 된다.

# Q&A

## 1. 디자이너는 타고나는 건가요?

디자인적 감각은 타고나는 재능인지에 대한 질문을 많이 받는데, 그에 대한 나의 답은 "그렇다."이다. 하지만 그 타고난 능력은 디자이너의 역량을 평가하는 데 고작 10~15% 정도를 차지한다. 지금까지 만난 약 1,300명의 디자인 전공생 중 분명 타고난 감각을 가진 학생들도 있었지만, 그 학생들이 사회에 나가 디자이너로서 성공하는 것은 타고난 감각과는 별개의 문제라는 것을 깨달았다.

좋은 디자이너가 되기 위해 무엇보다 필요한 건 재능이 아닌 끊임없는 노력이다. 이건 비단 디자인 분야뿐만 아니라 예체능 모든 분야의 공통적인 부분이라고 생각한다. 인성에 대한 평판과는 별개로, 실력으로는 그 누구도 나무라기 힘든 축구선수 크리스티아누 호날두. 그렇게 뛰어난 실력을 갖춘 그는 가장 먼저 연습장에 도착해 가장 늦게까지 연습한다고 한다. 이처럼 꾸준한 노력과 연습으로 재능을 충분히 극복할 수 있다. 게다가 우리가 어떤 시대에 살고 있는가? 물리적 거리, 언어, 문화 자본 등의 제약을 넘어 누구나 원하는 기술과 지식을 무료로 혹은 값싸게 습득할 수 있는 시대이다. 이렇게 기회가 넘쳐나는 시대를 살면서 타고난 재능이 없다며 한숨만 쉰다? 그 시간에 무엇 하나라도 더 배우고 만들기 위해 노력하는 게 훨씬 유익할 것이라 장담한다.

## 2. 디자인에도 학벌이 중요한가요?

그렇다면 학벌은 어떨까? 디자이너로 살아감에 있어 학벌은 중요할까? 전혀 중요하지 않을까? 어떤 대답을 기대했을진 모르겠지만 디자이너에게도 좋은 학벌은 경쟁력이 된다. 때문에 서울대나 홍대, 국민대 같은 디자인으로 유명한 학교를 졸업했다면 '좋은 학교의 평판'에서 오는 장점은 분명 있다.

하지만 디자인 업계에는 학력보다 더 중요한 것이 존재한다. 바로 포트폴리오다. 만일 두 개의 포트폴리오가 비슷하다면 좋은 학교를 나온 사람을 뽑을 순 있지만, 포트폴리오는 별로인데 학교만 좋다고 해서 뽑는 경우는 거의 없다(만약 있다면 그 회사는 피하라고 말해 주고 싶다).

흥미로운 현실을 하나 살펴보자. 학벌이 가장 중요한 스펙 중 하나인 대한민국. 그 사실은 당장 길거리를 나가 봐도 쉽게 알 수 있다. 연세치과, 서울내과, 경희태권도, 용인태권도…. 사업체의 이름 앞에 출신 학교를 내건다는 것은 학교가 대한민국 사회에서 어떠한 의미와 힘을 가지는지 단적으로 보여준다. 하지만 디자인 스튜디오나 에이전시를 보자. 홍익디자인에이전시, 국민디자인 스튜디오라는 이름을 들어본 적이 있는가? 이처럼 디자인은 실력으로 학벌과 나이와 같은 표면적인 요소들을 극복할 수 있는 몇 안 되는 분야 중 하나다.

### 3. 디자인 시작하기 늦은 나이일까요?

마지막으로, 나이는 어떨까?

"20대 후반인데 지금 디자인 시작해도 될까요?"

"30대인데 시작하기엔 너무 늦었겠죠?"

이런 질문을 정말 많이 받았다. 정답부터 말하자면,

"아니요. 전혀 늦지 않았습니다."

알다시피 나는 학부 시절 3년 동안 패션 디자인을 공부하다 시각디자인과로 전과했다. 그때 내 나이 자그마치 만 스물일곱 살이었다. 혹자는 어쨌든 디자인과에서 디자인과로 전과한 거니 이건 다른 케이스가 아니냐고 할 수 있지만 패션 디자인과 시각 디자인은 전혀 다른 분야. 나의 이야기만으로는 부족하다면 세계적으로 유명한 디자이너 알레산드로 멘디니의 이야기는 충분한 설득력을 갖지 않을까 싶다. 세계적으로 유명한 건축가였던 그는 남들이 은퇴를 고민하는 58세의 나이에 디자이너로 데뷔했다. 그리고 30년 동안 디자인, 가구, 조명 등 다양한 분야에서 많은 작품들을 남겼다. 자, 그렇다면 '지금은 너무 늦지 않았나'하는 고민이 얼마나 덧없는 고민인지 이제는 알 수 있을까?

다시 대학교부터 다니라는 말은 아니다. 요즘은 책, 유튜브, SNS, 온라인 강의까지 양질의 정보를 얻을 방법이 너무 많다 (그것도 무료로). 확고한 열정만 있다면 굳이 대학을 다시 가거나 유학을 가지 않아도 충분히 관련 소양을 쌓을 수 있다.

그러니 디자인이 하고 싶다면 지금 당장 시작하자. 디자인을 하기에 늦은 나이란 없으니까!

living as a designer

*Layer — 2.*                    **디자이너로 살기**

# 도태하는 디자이너가 되지 않으려면

*To avoid becoming a designer who is left behind*

디자이너라는 이름만으로 디자이너로서의 존재와 역할을 증명하는 것은 불가능하다. 디자이너가 된 이후에도 디자이너가 되기 위해 지금껏 공부한 것처럼 아니, 어쩌면 그보다 더 많은 공부와 고민은 우리가 디자이너로서 가져야 할 숙명과도 같다. 그렇지 않으면 일을 할 수 없다. 도태되고 잊힌다. 업계에서 자연스럽게 더 이상 나를 찾지 않고, 결국 디자인 자체에 흥미를 잃고 이 일을 도저히 지속할 수 없는 상태에 이르게 된다.

## '그냥'이라고 말하지 말기

도태하는 디자이너의 특징 중 하나는 디자인의 의도를 물으면 '그냥'이란 말을 빈번히 하는 것이다. 디자인은 문제를 해결하기 위한 행동이자 과정, 결과물이기에 '그냥'이라는 말은 절대 나올 수 없다. 끊임없이 고민하고 시도한 과정의 결과로 만들어진 것이 디자인인데 어떻게 '그냥'이라는 말이 나올 수 있겠는가! 때문에

'이렇게 디자인한 이유는 뭔가요?'라고 묻는 클라이언트의 질문에
'그냥이요.'라고 답하는 디자이너만큼 무책임한 디자이너는 없고,
그런 디자이너가 세상에 있다는 걸 상상하는 것만으로도 마음이
괴로워진다.

자신의 디자인에 대해 '그냥'이라고만 설명하는 디자이너 중
십중팔구는 비핸스나 핀터레스트를 보고 끄적인 게 전부다. 만일
디자이너가 정말 자신의 디자인에 대해 깊게 고민하고 생각했다면
'그냥'은 있을 수 없다. 예를 들어 청소기를 디자인하는 경우를
생각해 보자. 청소기의 손잡이와 길이, 위치, 그립이 왜 이렇게
만들어졌냐는 클라이언트의 물음에 대한 바람직한 답은 '그냥'
이 아니라, '평균적으로 성인 남성의 키는 175cm, 여성의 키는
163cm입니다. 그리고 손잡이의 높이는 이 평균 신장에 따른
사용자의 경험과 밀접한 연관이 있는데요.'와 같은 말로 시작하는
논리적이고 세심한 설명일 것이다.

'그냥'이라고 답하는 디자이너는 클라이언트에게뿐만 아니라
자기 자신에게도 무책임할 수밖에 없다. 그런 사람은 클라이언트
가 해 달라는 대로 다 해 주며 끌려다니거나, 디자인 관련 툴만
다룰 줄 아는 툴러로 남을 수밖에 없다. 클라이언트도 이유와
명분이 없는 디자인을 얼마든지 '그냥' 바꿔 달라고 할 수 있으니까.

## 계속해서 공부하기

도태하는 디자이너의 두 번째 특징은 배우려 하지 않고,
업계의 전반적인 상황이나 트렌드에 전혀 관심이 없는 점이다.
그런 사람을 보고 있으면 디자인을 업으로 삼는다는 사람이
본인이 몸담은 업계에 저렇게나 무관심할 수 있을까 싶은
생각이 절로 든다. 인기 드라마의 작가나 배우의 사생활,
스토리는 다 꿰고 있으면서도 정작 자기 일에는 어떤 변화가
있고 이벤트가 있는지 전혀 모른다. 배우지 않으면 발전할 수
없다는 건 너무나도 당연한 사실인데 적지 않은 디자이너들이
기초 수준의 실력만 갖추고 더 이상의 노력은 하지 않으려 한다.

배움을 지속해야 하는 게 디자이너에게만 해당하는 일은
아니지만, 특히 디자이너에겐 지속적인 공부가 더욱 필요하다.
디자인 트렌드와 관련 툴은 정말 빠른 속도로 바뀌고 발전하고
있다. 나도 실무 디자이너로 활동한 지 벌써 15년째이지만
지금도 새로운 게 나올 때마다 계속 공부할 필요성을 느낀다.
피그마(Figma)가 UI, UX 대세 프로그램이라 해서 배우고,
포트폴리오 장면을 구성할 때 보다 나은 연출을 위해 3D
프로그램인 키샷(Keyshot)과 라이노(Rhino)를 배웠다.

요새는 인공지능의 발전으로 모든 어도비 프로그램에 AI

기능이 속속들이 적용되고 계속해서 업데이트되고 있다. 하루가 다르게 빨라지고 달라지는 업계의 트렌드가 무서울 정도다. 그러나 더욱더 무서운 건 이렇게 열심히 해도 나보다 잘하는 사람이 수두룩하다는 사실이다. 나이와 경력이 적지 않은 나도 더 나은 디자인을 위해 계속해서 배우고 공부하는데, 이제 막 디자이너로 일하기 시작한 사람이라면 겸손하게 더더욱 노력하고 공부해야 하지 않을까?

## 욕심내기

욕심이 없는 것도 도태하는 디자이너의 특징 중 하나다. 앞서 말한 배우지 않으려는 특징과는 비슷한 듯 미묘하게 다르다. 디자이너가 계속해서 배우려 하지 않는 건 더 이상 배울 게 없다는 착각과 오만, 혹은 게으름에서 비롯한 것이지만, 욕심내지 않는 건 뛰어난 디자이너가 되지 못하도록 자신을 제한하는 것과 같다.

나보다 잘하는 디자이너가 있다는 걸 알면서도 어떻게 하면 저렇게 잘할 수 있을까를 고민하는 게 아니라 나와는 상관없는 전혀 딴 세상을 보듯 한다. 아이러니한 건 욕심이 없는 디자이너들의 실력 또한 썩 출중하지 않다는 사실이다. 실력이 너무나 뛰어나서 더 이상 디자인에 대한 욕심을 부리지 않는 거라면 차라리 이해할 텐데, 실력이라고 부르기도 애매한 능력을 지닌 디자이너가 욕심마저 없다는 것은 도대체 어떻게 이해해야 할까 싶다.

한편으로는 너무 잘하는 디자이너들을 보고 지레 겁을 먹거나 흔히 말해 기가 죽은 게 아닐까 싶기도 하다. '저 디자이너는 그냥 타고난 걸 거야', '저 디자이너는 엄청 쉽게 디자인하겠지?' 이러한 망상들로 선을 긋고 있는 게 아닐까 싶다. 하지만 그들의 현재 모습 뒤에는 그 누구도 상상 못 할 정도의 노력이 있었을 거라 장담한다. 그리고 그들의 노력은 지금도 그리고 앞으로도 계속될 것이다. 그들 역시 창작을 위해 많은 시간을 투자하며 여러분과 똑같이 고통을 감내하고 있다. 즉, 여러분도 충분히 그들과 같은 디자이너가 될 수 있다는 말이다. 누누이 말하지만, 디자인은 다른 분야에 비해 실력 하나로 학벌, 나이, 배경 등의 표면적인 스펙을 극복할 수 있는 몇 안 되는 분야 중 하나다. 그러니 의욕을 가지고 열심히 했으면 좋겠다.


도태하지 않는 디자이너가 되기 위해 필요한 기본적인 요소는 '관성을 이겨내는 태도'라고 생각한다. 게으른 본성을 이겨내고자 고군분투할 때 조금씩 앞으로 나아갈 수 있다. 이 과정이 결코 쉽진 않지만 자신도 모르는 사이에, 분명 지금도 성장하고 있다. 그리고 이 노력은 평생 해야 한다고 생각하면 차라리 속이 편하다. '완성된 디자인'은 있어도 '완성된 디자이너'는 없다고 했다.

끊임없이 진화하고 새로운 이야기를 그려가는 디자이너가 되자고
다짐해 보자.

# 성장하는 디자이너로 성장하기
### *Becoming a growing designer*

## 파고들기

디깅(Digging)이란 파기, 채굴, 발굴을 뜻하는 말로 무언가를
깊이 파고드는 행위를 뜻한다.

주위에 디자인을 잘하거나, 무섭게 성장하는 디자이너들의
공통점은 대체로 디깅을 잘한다는 것이다. 프로젝트가 시작되면
포토샵이나 일러스트레이터를 켜고 손만 바쁘게 움직이는 게
아니라 머리가 훨씬 더 바쁘게 돌아간다. 그들은 디자인의 시작이
디자인 대상에 대한 충분한 정보를 모으는 것임을 알기에 무언가를
본격적으로 파고들기 시작하는 것이다. 디자인이 완성되어가는
단계에서도 '이만하면 됐지.' 같은 말은 절대 하지 않는다.
남들이 보기엔 좋아 보여도 본인이 만족하지 못하기 때문에
아쉬움을 느끼고, 같은 실수를 반복하지 않기 위해 계속해서
집요하게 파고든다. 그들에게 디자인의 완성은 내가 만족한

그 순간이 아니라 클라이언트에게 디자인을 넘기기로 약속한
데드라인에 이루어진다.

## 디자인을 사랑하기

　성장하는 디자이너의 또 다른 특징은 일과 삶의 경계가 명확
하지 않다는 것이다. 이것은 좋은 디자이너가 되기 위한 습관에
가깝다. 그들은 일상생활에서 보고 느끼는 모든 것들이 디자인 그
자체라는 것을 알기에 언제 어디서든 디자인에 대해 자연스럽게
생각한다. 좀 더 정확히 말하자면, 디자인을 사랑하기 때문에
회사 밖에서도 디자인을 끊임없이 생각할 수 있는 것이다. 이건
비단 디자인 분야뿐만 아니라 다른 분야도 마찬가지일 거라
생각한다. 세상의 어떤 일도 일상과 무관할 수 없으니 말이다.

　한 저명한 프로듀서는 '워라밸'[17]이라는 말이 마치 일을 삶의
적처럼 느끼게 하기 때문에 싫어한다고 했다. 나 역시 같은 이유로
이 말을 좋아하지 않는다. 더 나아가 비슷한 맥락에서 '적게 일하
고 많이 벌라는 말'도 좋아하지 않는다. 어떻게 일을 적게 하고
많이 벌 수 있을까? 너무나도 이율배반적이라고 생각한다. 내가
너무 고리타분한 걸까?

---

[17] Work and Life Balance의 줄임말.

우리나라가 OECD 회원국의 평균적인 근로시간에 비해 근로
시간이 많고[18], 실제로 일도 많이 하기 때문에 워라밸을 중요하게
생각하는 것은 십분 이해하지만, 그럼에도 여전히 나는 일이 삶의
대척점에 있지 않다고 생각한다. 애초에 일과 삶이 물과 기름처럼
나뉘는 것도 불가능하지 않을까?

그렇다고 내가 하루 종일 사무실에서 일만 하는 건 아니다.
나는 디자인이 좋기 때문에 업무 외의 시간에도 자연스럽게 디자
인에 대해 생각하게 된다. 길거리의 사이니지(Signage)와 간판,
카페 메뉴판의 가독성과 레이아웃, 공간의 동선 등 모든 것이
디자인과 연관되어 있다. 이처럼 모든 곳에 디자인이 존재하기에
아주 자연스럽게 디자인에 대해 사유하고 고민할 수 있다.

## 겸손하기

성장하는 디자이너의 세 번째 특징은 겸손함이다. 겸손하다는
건 자신의 실력을 부정하는 게 아니라, 나보다 실력 좋은 사람이
있다는 사실을 인정하는 것에서부터 시작한다. 그리고 그 사실을
인정하는 디자이너만이 자신의 부족함을 받아들이고 계속해서
노력하고 공부할 수 있다.

---

[18] 한국개발연구원(KDI) 자료 기준 OECD 주요국 근로시간 1위는 멕시코(2,002 시간), 2위는 칠레(1,852 시간), 3위는
한국(1,829 시간)이다. OECD 평균 근로시간은 1,648 시간이다. 출처: yna.co.kr/view/GYH20231219002100044

물론 디자인에는 노력만으로는 100% 극복하기 어려운 부분이 있다는 걸 알고, 그 사실마저 부정하고 싶진 않다. 적은 비율이지만 분명히 타고난 재능이라는 것이 존재하니까. 하지만 되려 그 천부적인 재능이 독이 되는 경우도 허다하다. 학부 때 재능을 인정받고 자신감이 하늘을 찔러 자만하다 도태되는 학생들을 아주 많이 봤다. 거만하게 들릴지도 모르겠으나 솔직히 10년, 20년 경력자들이 볼 때 대학교를 갓 졸업한 신입 디자이너들의 실력 편차는 미미한 수준이다. 잘하고 못하고의 차이는 분명히 있지만 그 잘한다는 실력이 자신이 최고라고 생각하기에는 턱없이 부족하다는 말이다. 때문에 또래의 누군가보다 조금 잘한다는 이유로 방심하고 오만하게 행동하는 것은 오히려 독이 된다.

무언가를 잠깐 잘하는 게 아니라 오랫동안 꾸준히 잘하기 위해서는 나보다 실력 좋은 사람이 있음을 인정하고 겸손한 자세로 끊임없이 배우려는 자세를 갖춰야 한다. 바로 그렇게 성장하는 것이다.

## 최선을 다하기

마지막으로, 남들과 다르게 잘 성장하는 디자이너들의 특징은 그들이 디자인이 아닌 다른 일을 했어도 다 잘 해냈을 거라는 인상을 준다는 것이다.

주변의 디자인을 잘하는 사람들을 보면 그들에게서 배울 점이 참 많다고 느낀다. 다른 일을 했어도 성공했겠다는 생각이 저절로 든다. 언젠가 외식 업계에 계신 대표님과 비슷한 주제로 이야기를 나눈 적이 있었다. 그분 역시 무릎을 '탁' 치고 "와… 사람 사는 거 다 비슷하네요."라고 말하며 격하게 공감한 기억이 난다.


사실 디자이너로서 성장하는 방법에 특별한 비법이 있는 건 아니다. 그저 디자인을 사랑한다는 한 가지의 공통점이 있을 뿐이다. 사랑이라는 말처럼 크고도 무궁무진한 말이 있을까. 우리는 무언가를 사랑할 때 그것에 대해 계속해서 생각하고, 그것을 위해 기꺼이 행동한다. 사랑 앞에선 어떤 망설임과 게으름도 존재하지 않는다.

디자인을 사랑하는 것도 마찬가지다. 디자인을 진정으로 사랑하는 디자이너는 아주 자연스럽게 그리고 끊임없이 디자인의 세계를 파고들고, 언제 어디서든 디자인에 대해 생각하며, 겸손하고,

매사에 최선을 다한다. 디자인을 향한 사랑이 디자이너를 그렇게
만들기 때문이다.

어쩌면 성장하는 디자이너의 특징을 아직 갖추지 못한 사람은
무엇보다 디자인을 향한 사랑을 회복하는 게 우선일지도 모른다.
디자이너가 되고 싶다고 생각한 그날, 이 길에 첫발을 디딘 그
설레던 순간을 생각해 보자. 디자이너가 되기로 마음먹은 그
첫 출발선에는 그 누구보다 멋진, 밝은 표정을 한 내가 서 있을
테니까.

# 대한민국 디자이너가 명심해야 할 15가지 원칙

*15 Principles for Korean designers to keep in mind*

1    나는 아티스트가 아니라 디자이너다. 나에게는 클라이언트가 있다.

2    나는 디자이너지 클라이언트의 손을 대신하는 툴러나 오퍼레이터(Operator)
     가 아니다. 디자이너는 자신의 디자인을 관철시킬 줄 알아야 한다.

3    나보다 훨씬 잘하는 디자이너가 있다는 사실을 받아들여라. 그리고 그들을
     좌절의 대상이 아닌 넘어야 할 목표로 삼아라.

4    밤새우는 거 습관 들이지 말아라. 마흔 전에 골병 나서 일 그만둔다.

5    돈 많이 받으면서 실력까지 키울 수는 없다. '에이전시=실력과 포트폴리오',
     '인하우스=돈'. 이 공식은 거의 변하지 않는다.

6    포트폴리오가 제일 중요하다. 사내 정치가 심한 곳 빼고는 학력보다 실력이
     우선이라는 말이다.

7    언제, 어디서, 어떻게 기회가 올지 모른다. 그러니 포트폴리오는 최소한 6
     개월에서 1년마다 업데이트하라.

8    학생 때 좋은 교수님을, 실무에서 좋은 사수를 만나는 것만큼 큰 복은 없다.

9    최대한 많은 사람들이 내 디자인을 보게 하라. 단소리, 쓴소리 다 들어봐라.
     그래야 성장할 수 있다.

10 틈틈이 개인 작업을 하라. 자신이 하고자 했던 디자인이 무엇이었는지 절대 잊지 마라.

11 디자인에 대해서만 이야기할 수 있는 모임을 갖자. 일에 관해서는 가족과 친구보다 더 큰 도움이 된다.

12 디자이너 모임과 네트워크에서 얻는 정보는 보물과 같다. 이직, 외주 등 놀랄 만큼 많은 일이 생길 것이다.

13 인사 잘해라. 시크하면 멋있는 디자이너라고? 인성 부족해 보인다.

14 새로 옮겨서 잘할 생각하지 마라. 전 직장에서 한 이상한 행동은 새로 옮긴 데서도 다 알고 있다. 이 업계는 당신이 생각하는 것보다 훨씬 더 좁다.

15 지식과 노하우를 공유하는 것에 인색하지 마라. 결국 업계가 잘돼야 나도 잘될 수 있다.

# 디자인이 인생을 망친다고 생각될 때
*When you think design is ruining your life*

모든 일이 그렇듯 디자이너(혹은 디자인 전공자)가 된 후의
삶은 꿈을 꾸던 것처럼 평탄하지만은 않다. 그토록 원하던 일인
데도 디자인 때문에 고민하고, 속앓이하고, 괴로운 순간이 있다는
게 믿기지 않을 때도 많다.

그럼에도 불구하고 이 일을 계속 하고 싶은 사람이 있는가
하면, 누군가는 디자인을 그만두고 싶어 한다. 이해하고 공감
한다. 나 역시 그 어려운 순간들을 겪어 보았으니까···. 한때는
그 무엇보다 꿈꾸던 행복한 일이었지만 지금은 디자인으로
인해 괴롭고, 힘들고, 더 나아가 내 인생이 불행해지고 정신이
피폐해지는 것 같다면 과감히 그만두는 게 맞다고, 그래도 괜찮
다고 말해 주고 싶다.

디자인과를 나와서 디자이너가 되는 건 너무 행복한 일이다.
하지만 그렇다고 해서 디자인을 전공하고 디자이너를 하지 않는

인생이 잘못됐거나 실패한 것도 딱히 아니라고 이야기해 주고 싶다. 내 주변만 봐도 호주에서 같이 학교를 다녔던 동기나 선후배 중에 사업을 하는 사람도 있고, 유명한 인플루언서나 유튜버로 활동하는 사람, 또 전공과 전혀 상관없는 다른 삶을 사는 사람이 없지 않다. 아니, 꽤 많다.

디자인과를 졸업하여 다른 길을 걷고 있는 그들을 보며 나는 느낄 수 있었다. '디자인을 공부했지만 그 길을 선택하지 않는다고 불행한 것은 아니구나. 조금 다르게 돌아온 길이라도 하고 싶은 일을 하며 사는 삶이야 말로 진짜 행복한 삶이구나.' 그리고 난 그들의 그런 모습이 참 아름답고 존경스럽다고 생각했다. 중요한 건 '디자인과를 나왔으니 무조건 디자이너로 사는 게 맞는 거야!' 가 아니라, 하고 싶은 일을 하며 행복하게 사는 것이라고 생각한다.

이 책을 읽는 여러분은 지금 이 사람이 왜 갑자기 모순된 이야기를 하나 의아해할지도 모르겠다. 하지만 내가 디자이너로서, 디자인 교육자로서, 디자인 크리에이터로서 살고 있는 이유도 단 하나다. 나는 이 일이 너무 좋고 재미있다. 그리고 아직 디자인보다 재미있는 일을 찾지 못했다. 아주 단순하다. 내가 디자인 관련 콘텐츠를 만드는 이유도 디자인을 사랑하는 디자이너들이 사랑하는 일을 포기하지 않고 꾸준히 할 수 있도록 돕기 위함이지, 디자인을 싫어하는 사람에게 디자인을 강요하기 위함이 아니다. 내가 지도했던 학생들, 나와 함께하는 동료들, 이 책을 읽고 있는 여러분 그리고 그 외의 모든 디자이너도 마찬 가지일 거로 생각한다. 디자이너는 높은 연봉을 받는 고소득 직종도 아니고 무한한 명예나 존경을 받는 직업도 아니다. 그렇기에 디자인을 정말 좋아하는 사람들이어야 디자이너로 살아갈 수 있다.

사실 고민은 우리를 평생 따라다닌다. 대학을 가고, 취업을 하고, 결혼을 하고, 돈을 벌고, 심지어 모든 것을 이룬 것 같은 사람이 되어도 모양만 바뀐 고민이 계속해서 우리를 따라온다. 대학만 가면 모든 게 해결될 줄 알았지만 졸업을 앞두고 취업을 고민하고, 디자이너로 취업만 하면 진로에 대한 고민이 끝날 줄 알았지만 고민은 더 커지고 더 복잡해진다. 이렇게 우리는 끝없이 고민한다. 고민이 이상할 정도로 끝나지 않는 건 너무나도 자연스 러운 일이니, 괴로워하고 도망치는 것보다 고민에 익숙해지는 편이 좋다.

남들이 보기엔 나는 큰 고민이 없겠거니 생각할 수 있을 것도 같다. 성격이 밝은 편인데다가 많은 구독자와 팔로워도 있고, 사 업도 하고, 강의도 하고 있으니 먹고사는 데 지장 없고 큰 고민 없이 살겠거니 생각할 수 있겠지만 사실은 여러 고민으로 머릿속이 터지기 일보 직전이다! 고민의 깊이와 넓이가 깊어지고 커짐은 물론이다. 20대에 끝낸 것 같았던 진로에 대한 고민은 더 커지고 있고 스튜디오를 운영하기 위한 고민과 유튜브 콘텐츠에 대한 고민, 더 잘 가르치기 위해 계속되는 공부까지. 솔직히 머릿속이 너무 복잡해 고통스러울 때도 많다.

한때는 내게 이렇게 고민이 많은 이유가 아직 성공에 이르지 못했기 때문이라고 생각했다. '내가 원하는 목표를 이루면 이제 고민이 없어지겠지'라고. 하지만—너무 신기하게도—누가 봐도 성공한 삶을 살고 있는 사람은 나보다 더 많이 고민하고 있더라. 그 사실을 깨닫고 나니 생각이 완전히 바뀌었다.

지금의 고민이 괴로워서 회피하거나 도망가지 않았으면 좋겠다. 심지어 번아웃이 오고, 슬럼프를 겪더라도 고민을 저버리지 않았으면 좋겠다. 고민은 오히려 자연스러운 것이고, 평생 우리와 함께할 것이다. 그러니 고민을 숨기기보다는 동료나 선후배들에게 털어놓고 조언도 얻어 보자. 어쩌면 고민은 자기 일을 더 사랑하기 위해 쏟는 진심일 수도 있다.

# 그럼에도 불구하고 디자인을 포기하지 않는 방법

*How to never give up on design*

누군가 우리에게 '왜 디자이너가 됐어요?'라고 묻는다면
뭐라고 답할 수 있을까?

나는 디자인이 너무 싫은데 주변에서 디자인을 하라고 떠밀어서
디자인을 선택했다? 그런 사람은—거의—없을 거라고 생각한다.
우리가 디자인을 선택한 이유는 우리가 디자인을 원했기 때문이다.
오롯이, 전적으로, 우리의 의지로 디자이너가 되기로 결정했다.

하지만 정말 아이러니하게도 디자이너로 사회생활을 시작한
후 불과 1~2년 만에 업계를 떠나는 사람들을 자주 본다. 초, 중,
고등학교 그리고 대학까지 합쳐 10년 넘게 디자인 미술을 공부하고
기나긴 취업 준비의 과정을 거쳤음에도 디자인 업계를 떠나는
사람이 꽤 많다. 업계 처우가 좋은 것만은 아니기에 이런 경우를
볼 때마다 이해도 되고, 안타깝기도 하고, 한편으로는 답답하
기도 하다. 물론 디자인을 그만두는 것이 나쁘다는 얘기는 전혀

아니다.

내가 궁금한 것은 그토록 하고 싶어 하던 디자인을 하게
되었음에도 왜 이 일을 그만두는지에 대한 근본적인 원인이다.

2001년도 대학 입학 이후부터 지금까지 나는 20년 넘게 디자
인 안에서 살고 있다. 나 역시 디자인을 그만두고 싶었던 때가
없었던 것은 아니다. 디자인은 정말 재미있지만 창작의 압박, 사람
들과의 관계, 클라이언트의 갑질 등 디자인을 그만두고 싶게 만드
는 이유와 순간들이 너무 많았다. 다 때려치우고 강원도나 제주
도에 가서 카페를 차릴까 싶은 막연한 계획을 주변에 진지하게 얘기
한 적도 많았다(카페 운영도 쉽지 않다는 것은 직접 해봐서 잘
알지만, 그만큼 지쳐 있었다). 그러던 어느 날 나는 이 어려움을 이
겨낼 수 있는 한 가지 방법을 깨달았고, 그 후로는 힘든 순간이
있을 때 비교적 담담하게 마음을 다스릴 수 있게 되었다.

그 방법은 바로, 문제의 본질인 디자인에 대해 이야기하고
고민을 나누는 것이다. 디자이너로 살면서 받는 스트레스와
압박감을 어떻게 해결하는지 생각해 봤으면 한다. 영화를 보거나
예쁜 카페에 가기도 하고, 술을 먹거나 맛있는 음식을 먹으며
스트레스를 해결하려 한 경험이 모두에게 있을 거다. 그리고

나면 어땠나? 술을 진탕 마시고, 사람들과 어울려 하하 호호 웃는 그 순간만큼은 기분이 한결 나아지는 것 같이 느끼지만 그때뿐 아닌가? 그로부터 시간이 조금만 지나면 나를 괴롭히던 생각들과 근본적인 문제들이 되풀이되는 경험을 모두 겪지 않았을까.

이유는 간단하다. 우리가 문제의 본질에 대한 해결책을 찾지 않고 외부 즉, 디자인과 관련되지 않은 다른 곳에서 그 해결책을 찾으려 했기 때문이다. 칼에 베여 피가 철철 나면 어떻게 해야 하나? 얼른 병원에 가서 적절한 치료를 받아야 한다. 그런데 그 아픔을 잊기 위해 치료를 받는 대신 노래를 하거나 책을 읽으면 어떻게 될까? 일에서도 마찬가지다. 디자인으로 받은 스트레스는 디자인에 대한 본질적인 접근으로 풀어야지, 외부에서 해결책을 찾으려고 하면 결국 제자리로 돌아오게 되어있다.


나는 호주에서 대학 졸업 후 프리랜서 디자이너로 활동하다가 한국에 오자마자 바로 디자인 스튜디오를 차렸다. 디자이너로서 한국에서의 사회 경험은 전혀 없었지만 정말 그 누구보다도 디자인을 잘할 자신(만)이 있었다. 하지만 결과는 참담했다. 아무도 우리를 알아주지 않았고, 나는 어디서부터, 무엇을 시작해야 하는지 몰라 너무 막막했다. '열심히 하면 되겠지'라는 생각으로 날밤을 지새우며 일하면서도 이게 맞나 싶은 의구심이 들었고, 이런 마음을 누군가에게 물어보기는커녕 하소연할 곳조차 없었다. 커뮤니티나 카페를 통해 열심히 스튜디오를 홍보해서 작은 일감을 받아 일하면서도 뭔가 해결되지 않은 복잡한 생각들이 하루에도 수십 번씩 나를 괴롭혔다. 이 길이 맞는 건지, 지금이라도 회사에 취직해야 하는 건지, 아니면 나에게 더 잘 맞는 분야가 있는 건지 누구에게도 물어볼 수 없었다.

그렇게 답답하게 지내던 어느 날 친구의 추천으로 디자인 서바이벌 프로그램에 출연한 적이 있다. 하루하루가 이게 맞나 싶던 순간의 연속이던 차에 새로운 일이나 경험해 보자 싶어 싱숭생숭한 마음으로 참여했는데, 의외로 큰 기대를 하지 않았던 기회를 통해 근본적인 문제의 돌파구를 찾을 수 있었다.

그건 바로—의도한 건 아니지만 혼자 일하다 보니 어쩔 수 없이 그렇게 되어버린—무지와 아집으로 가득찬 나만의 세계에서 벗어나 더 넓고 큰 디자인의 세계를 맛본 것이다. 나는 이 프로그램을 통해 제품, 시각, 영상, 캐릭터, 순수미술 등 다양한 분야의 디자이너들을 만났고, 그들과 정말 많은 얘기를 나눴다.

대한민국 디자인 업계의 문화와 시스템, 동료 디자이너들과 어떻게 소통해야 하는지, 문제가 생기면 어떻게 해결해야 하는지, 우리가 원하는 디자인과 클라이언트가 원하는 디자인은 무엇이

다른지, 디자이너로서 가져야 하는 철학, 디자인을 오래 하기
위해서 필요한 마음가짐과 마인드셋, 내가 하고 싶은 디자인이
무엇인지, 그들이 생각하는 디자인은 무엇인지, 그들은 어떤
가치를 갖고 디자인을 하고 있는지. 하나부터 열까지 정말 솔직
하게 얘기를 나누며 노하우도 얻고, 밤새 토론도 하고, 고주망
태가 되어 대한민국 디자인 업계에 대한 신랄한 비판도 해가며
디자이너로서의 정체성을 찾아갈 수 있었다.

절친한 친구를 만나 이야기해도 "힘내, 그래도 잘하고 있잖아."
라는 말밖에 들을 수 없어 느꼈던 갈증과 응어리를 디자이너들과
밤새 디자인에 대해서만 이야기하며 시원하게 해결한 것이다.
그리고 이 소중한 인연은 10년 넘게 지금까지 계속 이어지고
있고, 디자이너로서의 이원찬을 누구보다도 잘 이해해 주는
이들을 나는 진심으로 아끼고 사랑한다.

다양한 분야의 디자이너들과 만나 생각을 주고받고 이야기를
나누는 건 우리가 이 일을 하며 마주하는 어려움과 고민을 해결
할 수 있는 본질적인 방법 중 하나고, 그렇기 때문에 이 일은
너무나도 중요하다. 같은 길을 걷는 사람들의 경험에서 우러나
온 지혜와 응원은 우리가 디자이너의 길을 계속 걸을 수 있도록
하는 든든한 원동력이자 밑거름이 된다.

그때의 소중한 인연을 통해 나는 무엇을 하고 싶은 디자이너인지,

어떻게 하면 디자인을 더 오래 할 수 있는지, 디자이너로서 이원찬은 어떠한 색을 가졌으며, 앞으로 가져야 하는 색은 무엇인지 생각할 수 있었다. 그 시간이 없었다면 지금의 내가 이 자리에 있지 못했을 거라고 확신한다. 이 지면을 빌어 소중한 의견과 시간을 공유해 준 동료들에게 정말 감사하다는 말씀을 드린다.

디자인을 포기하고 싶은 표면적인 이유는 제각각이겠지만, 본질적인 이유는 디자인에 대한 갈증을 속시원히 해결하지 못하기 때문인 경우가 많지 않을까 싶다. 이 일이 정말 내 적성과 맞지 않아서라면 일을 그만두는 게 맞지만, 마음속에 디자인을 향한 애정과 불씨가 작게나마 남아 있는 상태에서 이 길을 포기하는 건 정말 안타깝고 아쉬운 일이다.

과거의 나와 같은 고민과 어려움을 겪고 있는 사람이 있다면 뭐라도 해야 하지 않겠냐는 마음으로 디자이너들과의 적극적인 소통을 시도해 보길 바란다. 회사 동료들과는 도저히 안 되겠다 싶으면 관련 오프라인 클래스나 소모임, 온라인 디자인 카페[19]를 통해 디자인에 대해 속시원히 얘기하고 소통하며 문제를 해결해 보자.

---

[19] 디자이너들 간의 유익한 소통을 위해 네이버 카페 '디고디원찬|디자이너 커뮤니티'(cafe.naver.com/dgod) 를 만들었으니 필요하다면 참고하길.

# 대체 불가능한 디자이너가 되는 3가지 방법

*3 ways to become a one and only designer*

개인적으로, 좋은 디자이너란 일을 잘하고 못하고를 떠나서 자신만의 분명한 디자인 철학과 인사이트를 갖고 있는 디자이너 라고 생각한다. 흔히들 디자이너란 디자인 툴을 잘 다루는 사람 이라고 생각하지만, 단순히 툴만 잘 다루는 사람은 디자이너라기 보단 기술자에 가깝고 더 값싼 디자이너, 그리고 앞으로는 AI에 의해 대체될 가능성이 높다. 그렇다면 어떻게 대체 불가능한, 자신만의 통찰력을 지닌 디자이너가 될 수 있을까?

## 글쓰기

우선 글을 쓰는 연습을 해야 한다. '작가도 아니고 디자이너가 글쓰기를?' 하고 의아해할 수 있지만 나는 디자인과에서 글쓰기가 교양 과목이 아닌 필수 과목이 돼야 한다고 강력하게 주장한다. 그만큼 디자이너에게 있어 글쓰기는 중요하다.

디자이너는 문제를 해결하는 사람이고, 문제 해결은 단순히 무언가를 예쁘게 만드는 것이 아니다. 문제를 해결하기 위해선 계획과 방법이 필요하고, 그 과정을 풀어낼 설명도 중요하다. 어떻게 이 결과물이 만들어졌는지 자세히 설명하고 사람들을 납득시킬 수 있어야 한다(실제로 디자인은 이 프로세스를 통해 이루어진다).

많은 사람이—심지어 디자이너 중에서도—디자이너를 감성적인 사람이라고 착각하는 경우가 정말 많다. 하지만 모든 디자인 분야를 통틀어 디자인은 객관적이고 이성적인 사고가 수반돼야 하는 작업이다. 충분한 조사와 사고, 분석과 논리를 바탕으로 결과물이 나온다. 이런 의미에서 글쓰기는 디자이너의 필수 소양이다. 이성적으로 사고하고 생각을 표현하는 데 있어 글쓰기만큼 좋은 것이 없다. '글쓰기'라는 말에 압도되어 겁먹을 필요는 전혀 없다. 절대 거창한 소설이나 논문 같은 장문의 글을 쓰라는 게 아니다. 블로그나 X(트위터), 스레드에 일상을 편하게 기록하는 것으로 시작할 수 있다. 남이 내 글을 보는 게 부끄럽다면 일기를 꾸준히 쓰는 것도 좋다. 이런 식으로 훈련하다 보면 자신의 디자인을 논리적이고 효과적으로 설명할 수 있고, 더 나아가 문제의 본질을 파악하고 해결하는 본질적인 디자인을 할 수 있다.

그리고 무엇보다 AI의 발전으로 디자인을 하는 행위 자체가

'키보드와 마우스로 툴을 다루는' 이전의 형태에서 점점 변화하고 있다. 이제 디자인과 창작에 AI 사용은 필수가 되었고, AI를 활용해 좋은 결과물을 만들기 위해서는 좋은 프롬프트가 필요하다. 분야를 막론하고 그래픽, 영상, UI, UX 등 모든 분야의 디자이너들은 프롬프트 작성 스킬을 갖추어야 하며, 좋은 프롬프트[20] 를 입력하는 데 글쓰기가 도움이 된다는 것은 너무나 자명한 사실이다.

## 근본 알기

디자인 사조를 아는 것도 중요하다. '단군 이래 더 이상 새로운 것이 없다'고 한다. AI의 발전과 맞물려 완전히 새로운 창작이 불가한 시대를 살아가는 우리가 할 수 있는 것은 예전에 있던 것들을 현실에 맞게 재해석하는 것이다. 이 일이 가능하려면 디자인의 역사에 관해 아는 것이 필수적이다. 앞에서도 언급했지만 학생들을 지도하다 보면 자신이 한 디자인이 어디서 온지도 모르는 경우가 많다. 내가 하는 디자인의 유래를 알아보려 하지 않고, 인터넷에서 본 '예쁜' 이미지를 그저 베끼는 것을 디자인이라고 착각하기도 한다.

---

[20] 인공지능 모델을 활용하여 원하는 결과물을 얻기 위해 입력하는 텍스트.

디자인은 예술과 같은 창작의 영역이기도 하지만 그에 못지 않게 실용성과 목적이 더 중요하다고 할 수 있다. 그렇기 때문에 밑도 끝도 없이 어디선가 갑자기 튀어나온 디자인은 있을 수 없다. 예를 들어, 모던한 건축물은 그냥 예뻐서 생긴 게 아니다. 그것은 예술, 문학, 종교 등 사회 전반에서 이뤄진 전통으로부터 벗어나기 위한 움직임인 모더니즘에서 비롯한 디자인이다. 이런 것처럼 디자인은 우리가 지나온 과거와 밀접한 관계를 맺고 있다. 따라서 디자인 사조에 대해 알고, 인문학적 관점에서 디자인을 이해하고 풀어가는 것이 중요하다.

## 직접 경험하기

마틴 스코세이지 감독은 "가장 개인적인 것이 가장 창의적인 것"[21]이라고 말했다. 나는 이 말에 크게 공감한다. 자신이 경험한 것보다 자세하고 생생한 건 없다. 학생들에게 디자인 리서치를 시키면 대부분이 컴퓨터 앞에 앉아서 비핸스나 핀터레스트만 보고 있다. 물론 온라인 리서치도 당연히 필요하지만 그것이 디자인을 조사하고 알아보는 전부는 절대 아니다.

---

[21] 2020년 아카데미 시상식에서 봉준호 감독이 <기생충>으로 최우수 감독상을 받을 때, 관중석에 있던 마틴 스코세이지 감독의 말을 인용하며 존경을 표시하여 더욱 화제가 된 말이다.

나가서 직접 보고 경험해야 한다. 예를 들어 화장품 디자인을 해야 한다면 인터넷만 뒤질 게 아니라 근처 H&B(Health and Beauty) 매장[22]이나 백화점에 가서 가서 용기의 재질은 뭔지, 어떤 종이와 후가공이 쓰였는지, 지기구조는 어떤지 등 직접 보고 만져 봐야 알 수 있다.

이런 의미에서 나는 유학이나 여행을 가는 것에도 적극 찬성한다. 같은 사물이라도 다르게 보는 시선과 경험을 통해 디자인 스펙트럼이 넓어지는 건 디자이너에게 무엇과도 바꿀 수 없는 큰 자산이기 때문이다. 다르게 이해하면 유연한 사고를 갖는 것 즉, 같은 대상이라도 남들과 다르게 보고 다르게 해석해낼 수 있는 능력이 곧 차별화된 디자인의 시작임을 뜻한다.

---

[22] 고객에게 새로운 상품과 쇼핑 경험을 제안하는 신개념 유통채널이다. 대표적인 예시로 올리브영이 있다.

# 사실 실력만으로는 부족하다

*In fact, skill is not everything*

'예전에는 대단한 사람이 대단해 보였는데, 지금은 오랫동안 꾸준한 사람이 대단해 보인다'는 말. 프로듀서 나영석 씨가 〈유 퀴즈 온 더 블럭〉에 나와서 했던 이 말은 내게 정말 큰 울림을 주었다. 또 어느 날 운전을 하며 들었던 가수 윤하 씨의 인터뷰 내용은 길가에 잠시 차를 세우게 만들었다. 내용인즉슨, 〈사건의 지평선〉 역주행으로 많은 사랑을 받고 성공해서 좋겠다는 디제이의 질문에 '노래가 처음 나왔을 때부터 팬분들께서 꾸준히 사랑해 주셨고, 그 사랑이 차곡차곡 쌓인 결과물이 지금 나타났다'고 대답한 것이다. 또 배우 오정세 씨는 백상예술대상에서 남자 조연상을 받으며 "여러분들이 무엇을 하든 간에 그 일을 계속하셨으면 좋겠습니다. 그냥 계속하다 보면 평소에 똑같이 했는데 그동안 받지 못했던 위로와 보상이 여러분들에게 찾아오게 될 것입니다. 여러분들의 동백꽃이 곧 활짝 피기를 저 배우 오정세도 응원하겠

습니다."라고 사람들의 가슴을 울리는 소상 수감을 발표하기도
했다.

각자 처한 상황과 몸담은 분야도 다르지만, 성공한 사람들의
공통점은 꾸준함에 있다. 하지만 사람들은 그가 이룬 성공 그
자체만 보고 박수를 치지, 결과 이전의 과정에서 지나온 어두운
터널을 보려고 하지 않는다. 그들이 얼마나 긴 시간을 보내며
힘써왔는지에 대해서는 알고 싶어 하지 않는다는 말이다.

모두들 '존버'라는 말을 들어봤지 않을까 싶다. '존나게 버틴다'
는 말의 줄임말로, 비트코인이 한창 유행하던 시절 비트코인을
무조건 사놓고 기다리면 언젠가 보상을 받을 거라는 의미에서
많이 쓰던 유행어다. 갑자기 왜 '존버'인지, 디자인을 하면서
떼돈을 벌긴 힘드니 비트코인을 사놓고 기다리라는 건가 싶겠
지만 그건 아니다.

우리가 버려야 하는 것은 다름 아닌 '우리가 사랑하는 일'
이다. 이 일이 당장 하루아침에 잘될 리는 없다. 하지만 천천히
그리고 꾸준히 노력하는 사람들에겐 반드시 보상이 찾아온다.
물론 그게 언제인지는 알기 어렵다. 하지만 한 가지 확실한 건
꾸준히 노력하지 않는 사람에겐 성공이 절대 찾아오지 않는다는

사실이다.

한 가지 예로, 지금은 대한민국 캐릭터 디자인계의 TOP 스튜디오를 운영하는 지인에게 물어봤다. "요즘은 이모티콘 출시하면 계속 1위인데, 처음 스튜디오를 차리고 나서부터 처음으로 이모티콘 1위 하기까지 얼마나 걸렸어요?" 돌아온 그의 대답, "2년 반이요." 2년 반 동안 무수히 많은 시도와 승인 거절을 겪고, 출시를 통해 처음 1위를 하기까지 그렇게 긴 시간이 걸린 것이다.

나도 여전히 버티는 중이다. 이쯤 하면 버티기의 시간은 끝나고 내가 상상하던 어떤 고지에 서있지 않을까 생각도 해 보았는데, 이쯤 되니 버티기는 그냥 인생을 사는 자연스러운 순리가 아닐지 싶다. 나보다 늦게 시작한 누군가가 훨씬 빠르고 멀리 앞서 나가는 걸 볼 때마다 내게 뭔가 큰 문제가 있는 건 아닐까 싶어 잠시 머릿속이 복잡해지기도 하지만, 항상 내리는 결론은 똑같다. '요행을 바라지 말고 좋아하는 일을 묵묵히 하자.'

# 슬럼프 디자인하기

*Designing a slump*

어느덧 디자인의 세계에 첫발을 디딘 지 20년이 넘었고, 실무를 한 지는 15년이 됐다.

스튜디오를 오픈하고 1년 차 때는 정말 죽을 것처럼 힘들었다. 학교에 다닐 때는 내가 제일 잘하는 줄 알았는데, 진짜 필드에 나와보니 나보다 잘하는 사람이 너무도 많았다. 내가 너무나도 작고 보잘것없이 느껴졌다. 그렇게 나의 존재가 흐려짐을 느끼고 '디자인으로 먹고 살 수 있을까?' 하는 걱정은 커져만 갔다. 그래도 포기하지 않았고 시간이 지나서 3년 차가 되고 나니 사람들이 나의 디자인을 좋아하고 칭찬하기 시작했다. 1년 차 때와 마찬가지로 여전히 앞은 깜깜했지만, 자신감이 늘기 시작하면서 1년 차 때와 달라지기 시작하는 변화를 서서히 그러나 확연히 느낄 수 있었다.

5년 차 때는 매출과 실력이 폭발적으로 늘었다. 삼성이나 LG 같은 대기업과 하는 큰 규모의 프로젝트가 주를 이루기 시작

했고, 프로젝트가 많아지고 바빠지니 일에 대한 자신감도 커져
갔다. 무엇보다 디자인이 정말 재미있었다. 대부분의 디자이너
들이 5년 차가 되면 퍼포먼스가 폭발하는 시기를 맞는다. 재미
있고 잘하고 좋아하는 일로 돈을 벌면서 뿌듯함을 느끼게 되는
시기가 바로 5년 차 정도 되는 것 같다.

7년 차가 되면서는 신기하게도 흔히 얘기하는 '각'이 보이기
시작했다. 경험이 쌓였기 때문에 프로젝트 브리핑을 받을 때부터
어떻게 하면 이 디자인이 먹힐지, 이 상황에서는 어떻게 하면
될지 머릿속에 쉽게 그림을 그릴 수 있게 된 것이다. 내가 생각
했던 각과 그림을 실무에 그대로 적용해도 실패하지 않았다.
단순한 자만이 아닌 진짜 실력으로 인정받게 된 경험과 지식이
쌓이게 된 것이다.

심지어 10년 차가 되었을 때는 매너리즘에 빠질 정도로 디자
인이 쉽게 느껴졌다. '처음 20시간의 법칙'[23]이 있다. 어떠한 기술
에 있어서든 20시간만 투자하면 활용하고 즐길만한 수준으로
기술을 마스터할 수 있다고 한다. 하루 24시간도 안 되는 시간이
아닌 10년이라는 긴 시간 동안 열심히 일했다면 이런 변화는 어쩌
면 당연할 수도 있을 것이다. 10년이라는 시간을 겪으며 7년 차

---

[23] 조지 카우프만, 《처음 20시간의 법칙》, 알키, 2014.

때 얻은 근거 있는 감각은 한층 더 발전하고, 예전이라면 오랜 시간을 들여 했던 일들도 거침없이 뚝딱뚝딱 해낼 정도가 되었다. 나 스스로도 이 정도의 발전이 놀라울 정도였다. 예전이라면 밤을 새우더라도 나오기 힘든 결과물들이 10년 차에는 너무나 쉽고 자연스럽게 나오니 소름이 돋기도 하고, 아이러니하게 같은 이유로 매너리즘에 빠지기도 한다.

이렇게 시간이 흘러 이제 15년 차가 됐다. 1년 차 때부터 10년 차 때까지 실력과 자신감이 나날이 발전하고 높아졌으니 15년 차라면 더 높은 어딘가에 도달했을 것 같지만, 오히려 1년 차 때 느꼈던 감정을 다시 느끼고 있다. 세상에 디자인을 잘하는 디자이너가 너무 많다는 것과 디자인 공부도 멈추지 말고 계속 해야 함을. 1년 차 때와는 다른 의미로 겸손해지는 시간을 보내고 있다.

재미있는 건 예전이라면 디자인을 하면서 마주하는 짜증 나는 순간들, 예를 들면 클라이언트의 갑질과 독촉 같은 것들에 더 이상 크게 연연하지 않는다는 것이다. 일을 시작한 지 얼마 되지 않았을 때는 이런 것들 때문에 스트레스도 많이 받고, 일을 그만둘까 진지하게 고민하기도 했지만 지금은 그러려니 웃고, 동료들과는 '그때 그랬지' 하고 웃으며 회상하기도 한다. 심지어 유튜브 콘텐츠로 활용하기도 하니 한편으로는 참 재미있고 신기하다.

누구나 슬럼프는 겪는다고 생각한다. 인하우스에 있든 에이전시에 있든, 프리랜서를 하든 사업을 하든, 분야를 막론하고 모든 디자이너가 슬럼프를 겪을 수밖에 없다고 생각한다. 이런 이치는 디자이너뿐만 아니라 세상의 모든 직업에 있어서도 마찬가지다. 그러니 디자이너로서 맞이한 슬럼프를 자연스럽게 받아들이고, 이 기회를 통해 다양한 일을 하면서 삶의 파이프라인(Pipeline)을 넓혀가는 것도 방법이다.

나는 한때는 디자인 스튜디오 운영만이 디자이너로서 내가 걸어가야 할 길이라고 생각했다. 하지만 스튜디오 운영만 했다면 코로나19 팬데믹으로 미니멀리스트의 매출이 반토막 났을 때 디자인계를 떠나야 했을지도 모른다. 일은 없지, 10년 차가 됐으니 매너리즘도 느끼지. 별다른 돌파구가 없었다. 하지만 그때 나는 대학 강의, 외부 강연, 디자인 관련 행사, 디자인 클래스 운영, 영상 제작, 광고 등 디자인과 관련된 다양한 일을 하고 있었으며 이를 통해 자연스럽게 슬럼프를 이겨낼 수 있었다. 내가 디자인 안에서 이토록 다양한 일들을 하지 않았다면 15년 차의 디자이너 이원찬도 없지 않았을까.

어려운 시절을 보내고 난 뒤 요즘은 다시 스튜디오와 디자인 교육에 집중하며 즐거운 나날을 보내고 있다. 15년이라는 긴 시간 동안 꾸준히 그리고 열심히 이 일을 했기 때문에 생긴

근거 있는 자신감과 내공은 디자인을 더욱 즐겁게, 잘할 수 있는 원동력이 됐다. 이렇듯 지난날의 어려움이 오늘의 이곳에 도달하기 위한 하나의 짧은 터널이었다는 걸 생각하면 다음의 슬럼프도 반갑게 맞이할 수 있을 것만 같은 우스운 자신감도 생긴다.

디자인을 하면서 겪게 되는 가장 큰 위기는 클라이언트의 갑질이나 매출 하락, 상사의 갈굼이 아니라 디자인에 대한 흥미를 상실하는 것, 그리고 이 상태가 오래도록 지속되는 것이다. 만일 아직 이 위기를 맞지 않았다면, 그러니까 슬럼프를 겪음에도 여전히 디자인이 재미있다면 우선은 디자인에 관련된 파이프라인을 늘려가면서 꾸준히 해 봤으면 한다. 그렇게 한 해, 또 한 해 연차를 쌓아가다 보면 내가 했던 말들에 웃으며 공감할 수 있는 날이 분명 올 거라고 장담한다.

# 디자이너가 자주 듣는
# 디자이너에 대한 오해와 진실[24]

*The myths and truths designers hear about designers*

## 1. "그림 잘 그리겠다?"

디자인의 세계를 잘 모르는 사람은 이게 왜 오해인지 의아할 수도 있지만, 요즘은 실기로 디자인과에 진학하는 경우와 함께 비실기 학생들도 매우 많아서 이 말도 충분한 오해가 될 수 있다. 비실기로 입학한 사람은 디자인을 대학에서 처음 배우게 되고, 생전 그림을 안 그려 봤으니 그림을 잘 그리지 못하는 것도 당연하기 때문이다.

물론 디자인의 프로세스 중에는 자신의 생각을 표현하는 수단으로 스케치를 하지만 그것이 그림을 위한 그림 즉, 명화와 같은 작품인 경우는 드물다. 디자인과 학생들 누구나 들었을 '그림 천재' 소리, 나 역시 어렸을 때 들어 보지 못한 것은 아니나 지금의 내

---

[24] 유튜브 댓글을 통해 디자이너에 대한 오해를 알려주신 시청자분들, 정말 고맙습니다!

그림 실력은… 정말이지 부끄러울 정도이다. 하지만 디자인은 곧 '문제 해결'이며 그림을 잘 그리는 것이 문제 해결의 정답은 아니기에, 또 나 같은 디자이너가 어쩌면 더 많을 수 있기에 내심 위로로 삼고 있다. (마지막으로 연필 잡은 게 언제더라….)

제품 디자인이나 애니메이션과 같은 경우는 스케치를 많이 하는 편이지만, 아예 스케치를 하지 않는 디자인과도 정말 많다. 그래서 디자이너니까 그림을 잘 그릴 거라는 생각은 반은 맞고, 반은 틀리다. 그림을 잘 그리는 사람도 있고 그렇지 않은 사람도 의외로 많다.

관련된 여담인데 디자인과에 다닌다고 하면 그림을 잘 그릴 거라는 편견을 갖고 자신의 얼굴을 그려달라는 사람들이 있다. 내 얼굴도 안 그리는데 네 얼굴을 내가 왜…?

## 2. "몸에 타투 많겠네?"

타투는 술이나 담배처럼 개인의 성향과 기호의 영역에 속한다. 그래서 디자이너라고 몸에 타투가 많을 거라고 생각하는 것 역시 매우 편협한 생각이다. 개인적으로 주변 사람들을 보면 디자이너라고 타투가 많은 것도 아니었다. 이는 디자이너가 아닌 사람에게도 똑같이 해당되는 말이고, 결국 타투는 전적으로 개인의 성향에 따른 것이다. 그렇기에 디자이너라는 이유만으로 몸에 타투가 많을 거라고 생각하는 건 오해다(TMI: 나는 겁쟁이라 타투가 없다).

### 3. "옷 잘 입겠네?"

이 오해는 특히 더 많이 한다. 디자이너는 옷을 잘 입는다거나 혹은 '너는 디자이너인데 옷을 왜 못 입느냐'는 오해. 누구는 조금 더 많이 먹고 누구는 조금 덜 먹고, 누구는 잠을 많이 자고 누구는 잠을 많이 안 자는 것처럼, 옷을 좋아해서 꾸미는 걸 좋아하는 사람이 있고 귀찮아서 안 꾸미는 사람도 있다. 그러니까 이 또한 사람의 성향에 따라 다른 부분이다.

물론 패션 디자이너는 옷을 다루다 보니 다른 분야의 디자이너보다 옷에 관심이 많고 옷을 잘 입는 사람도 많다. 나도 패션 디자인을 공부해 봤기에 잘 안다. 그렇지만 타 디자인과는 전혀 아니다. 그리고 옷을 잘 입는 것과 디자인 실력은 전혀 상관관계가 없다. 조너선 아이브가 패셔니스타가 아닌 것만 봐도 이해가 쉽지 않을까.

### 4. "나 이번에 가게 여는데 로고 하나 만들어 줘."

디자인과를 나왔다고 하면 주변에서 이런 부탁 한 번씩은 들어봤을 거다.

"나 이번에 가게 여는데 로고 하나만 만들어 줘. 너 금방 하잖아."

정말 다양한 디자인과가 있고, 각 과마다 커리큘럼도 다르다. 그렇기 때문에 모든 과가 로고 디자인 즉, 브랜딩을 배우지는 않는다. 무엇보다 공짜로 해 달라고 하지 말자. 이건 오해나 편견을 떠나 굉장히 무례한 부탁이다. 그에 맞는 값을 지불해야 한다.

## 5. "시집 잘 가겠네."

도대체 이런 얘기는 어디서 나왔는지 모르겠다. 이건 오해를 떠나서 생각이 모자란 게 아닌가 싶다. 말도 안 되는 소리다.[25]

## 6. "금수저네."

예체능을 하는 사람은 금수저일 거라는 오해는 옛날부터 있었다. 예체능을 하면 대체적으로 돈이 많이 들기 때문에 그런 오해가 생긴 것 같은데, 디자인을 하는 사람들 중 잘 사는 사람도 있지만 디자이너라고 모두 금수저는 아니다. 오히려 평범한 사람이 더 많다. 차라리 금수저여서 돈 걱정 없이 하고 싶은 디자인만 하면서 살면 너무 좋겠네.

---

[25] 오해할까 봐 이야기하자면, 전부 실제 구독자분들의 댓글을 통한 실제 사연들이다.

## 7. "공부 못해서 미술 시작했지?"

디자인을 포함해 예체능을 전공하면 공부를 못할 거라는 오해가 있다. 예체능 입시에는 수능 점수가 필요 없다거나, 필요하더라도 실기의 비중이 높을 거라 생각하기 때문이 아닐까 싶다. 하지만 실제로는 수능 점수에 높은 비중을 두거나 수능 점수만 보는 대학도 있다. 그렇기 때문에 예체능을 전공했다는 이유로 공부를 못한다고 생각하는 건 무례하기도 하거니와 굉장히 편협한 생각이다. 그리고 다시 얘기하지만, 디자인과도 공부 엄청한다.

## 8. "같은 과 친구들 예쁘지?"

왜 디자인과 학생들의 외모가 궁금할까? 나는 디자인과에서 강의한다고 했을 때 다짜고짜 "학생들 예쁘겠네."라는 무례한 질문을 받아본 적이 꽤 많다.

### 9. "박봉이겠네?"

음…, 이 말도 반은 맞고 반은 틀리다. 인하우스 디자이너는 기업의 규모나 회사 연봉 시스템에 따르기 때문이다(대기업 인하우스 디자이너의 연봉은 높다). 하지만 디자이너의 일반적인 연봉이 낮은 것도 사실이니….

### 10. "그림만 잘 그리면 되잖아."

절대 아니다. 디자이너라고 그림만 그리고 포토샵만 한다고 생각하는 사람들이 되게 많은데 절대 그렇지 않다. 예를 들자면, 디자인 서비스 하나를 만들기 위해선 경쟁사 및 트렌드 조사, 페르소나 설정, 유저 테스트, 정보구조도(IA, Information Architecture) 설계, 와이어 프레임(Wireframe) 제작 등 매우 많은 과정을 거쳐야 한다. 그래서 디자이너들은 기획과 사전 조사, 공부를 정말 많이 한다. 제대로 된 조사와 분석이 없고서는 제대로 된 디자인을 할 수도 없고, 그렇게 만들어진 디자인은 허무맹랑한 껍데기와 다름이 없다.

### 11. "집 잘 꾸미고 살겠네."

앞서 말한 옷 잘 입는 것과 마찬가지로 이 또한 사람마다 다 다르다. 누구는 집 꾸미기를 정말 좋아해서 잘 꾸며놓고 살 수 있고 누구는 또 아닐 수도 있다. 디자이너의 미적 감각이 디자이너가 아닌 사람들에 비해 보편적으로 더 좋아서 인테리어 소품을 고를 때 더 잘 고를 순 있지만 잘하는 걸 꼭 해야 되는 건 아니지 않은가? 나도 정작 내가 살고 있는 공간의 디자인에는 크게 신경 쓰지 않는 편이다.

## 12. "디자이너처럼 생겼네."

이건 놀리는 건지 칭찬하는 건지 잘 모르겠다. 또 이런 말도 있다. "디자이너야? 근데 왜 그렇게 생겼어?" 디자이너처럼 생긴 건 뭘까? 나는 디자이너처럼 생겼을까? 정말 궁금하다. 디자이너처럼 생긴 건 도대체 어떻게 생긴 걸까?

이 외에 이런 오해들도 있다.

"디자이너는 왜 술을 좋아해요?" 사람마다 다르다. 말술도 있고 아예 술은 입에 대지 못하는 사람도 있다. "예민하시겠네요." 디자이너라고 다 예민한 건 아니다. 차라리 MBTI로 판단하라고! "홍대 나왔겠네." 국내에 디자인대학이 홍익대학교밖에 없나? 홍대가 잘하는 디자인대학인 건 맞지만 홍대 외에도 좋은 디자인

대학이 많고, 심지어 비전공자 중에서 성공한 디자이너로 활동하는 경우도 많다. "성격 세겠네." 아니다. 정말 슬라임 같은 사람도 많다. 순두부 같아서 클라이언트가 뭐라고 하면 찍소리도 못하고 쭈그러지는 사람도 진짜 많다. "디자이너는 애플만 좋아하잖아." 제품디자인과는 애플 쓰고 싶어도 못 쓴다(호환이 잘 안돼…).

당신이 디자이너라면 이 글을 통해 무례한 부탁이나 허무맹랑한 말을 듣고 상한 마음을 치유하고, 디자이너가 아니라면 디자이너를 보다 잘 이해할 수 있는 계기가 되었기를 바란다. 혹시나 해서 말하지만 난 평화주의자다. Peace!

# 디자이너라면 알고 있어야 할
# 인쇄의 종류와 특징

*Types and features of printing that designers should know*

요즘은 영상이나 웹사이트 디자인처럼 실물 디자인을 뽑을 필요가 없는 디자인 분야도 많지만, 그래도 디자이너라면 분야에 상관없이 나중에 포스터 한 장, 심지어 명함 한 장이라도 뽑을 일이 생긴다. 때문에 디자이너는 인쇄에 대해 기본적으로 알아 두는 것이 좋다.

## 옵셋 인쇄(Offset Printing)

옵셋 인쇄는 잉크를 CTP[26] 필름에 분판하여 인쇄하는 방식으로, 주로 대량으로 인쇄하는 신문이나 잡지, 책이나 뛰어난 인쇄 품질이 필요한 고급 인쇄물인 화보, 포스터, 브로셔 등을 인쇄할 때 사용된다. 장점은 단시간에 대량 인쇄가 가능한 것과 현존하는 인쇄 방법 중 가장 좋은 품질을 자랑한다는 것이다.

---

[26] Computer To Plate. 인쇄 데이터를 옮긴 판.

하지만 CTP 필름 초기 세팅 비용이 높아 소량 인쇄가 불가능한 것은 아니나 비용적인 면에서 비합리적이다. 때문에 300~500 부보다 적을 경우 옵셋 인쇄는 하지 않는 게 일반적이다.

### UV 인쇄(UV Printing)

UV 인쇄는 옵셋과 같은 방식으로 진행되지만, 특수 잉크를 사용해서 UV로 건조하는 방식에서 차이점을 지닌다. UV 건조 방식은 빠른 건조 후 후가공 공정으로 신속하게 넘어갈 수 있어 전체 인쇄 공정 시간이 단축된다는 점과 잉크 인쇄가 까다로운 재질에도 인쇄가 가능하다는 점이 장점이다. 다만, 옵셋 인쇄에 비해 비싼 가격은 단점이 될 수 있다.

### 인디고 인쇄(Indigo Printing)

인디고 인쇄는 1977년도에 개발된 디지털 인쇄기술로, 2001 년 우리가 흔히 아는 HP(Hewlett Packard)사에 인수되었다. 지금은 인디고가 디지털 인쇄 방식의 별칭이 되어서 대일밴드나 딱풀처럼 고유명사화됐다.

인디고 인쇄는 CTP 없이 데이터에서 바로 출력되어 소량 제작이 가능하고, 소량 제작의 경우 낮은 비용으로 뛰어난 인쇄

품질의 결과물을 얻을 수 있다. 한마디로 고품질의 소량 인쇄가 필요한 경우 가장 적합한 인쇄다. 옵셋 인쇄와 비교했을 때 전문 가가 아니면 둘을 구분할 수 없을 정도로 인디고 인쇄 기술은 굉장히 뛰어나다.

하지만 대량 인쇄에는 적합하지 않다. 인디고 인쇄로 300~500 부 이상을 인쇄하면 오히려 옵셋 인쇄보다 비싸지기 때문에 보통 50~100부 이하의 소량으로 제작하는 도록이나 리플릿, 카탈로그, 혹은 목업에 사용한다.

## 마스터 인쇄, 경인쇄(Master Printing)

마스터 인쇄, 혹은 경인쇄로 불리는 이 인쇄 방식은 작성된 원고를 종지인쇄판에 촬영하여 인쇄하는 방법을 말한다. 마스터 인쇄의 장점은 옵셋 인쇄에 비해 비용이 저렴하고, 간편한 인쇄에 적합하다는 것인데, 2도 이상의 색상을 표현하기에는 적합하지 않기에 고품질의 인쇄가 어렵다는 단점이 있다. 주로 전단지, 영수증, 음식점의 빌(Bill)지, 보고서와 같이 고품질 인쇄가 요구되지 않는 인쇄물에 사용된다.

## 레이저 인쇄(Laser Printing)

레이저 인쇄는 일상에서 많이 사용하는 인쇄 방법으로, 잉크를 종이에 흡수(충격식 인쇄)시키는 것이 아니라 정전기 현상을 활용(비 충격식 인쇄)하여 인쇄한다. 쉽게 말하자면 정전기가 일어난 부분에만 토너(인쇄 가루)가 달라붙어 인쇄되는 방식이다.

보편적으로 가장 많이 사용되는 잉크젯 인쇄와 비교되는 경우가 많으며 잉크젯 인쇄 대비 잉크 번짐이 적고, 유지비가 저렴한 게 장점이다. 가루로 인쇄되기 때문에 좋게 말하면 선명하고 나쁘게 말하면 대비가 진한 것이 특징이며, 토너 가루가 인체에 매우 유해하다는 것과 색감 표현에 한계가 있는 것이 단점이다. 잉크젯 인쇄와 마찬가지로 레이저 인쇄는 종이의 재질을 많이 타기 때문에 인쇄할 수 있는 종이가 한정적이다.

## 잉크젯 인쇄(Inkjet Printing)

잉크젯 인쇄는 앞서 말했듯 잉크를 사용하여 인쇄하는 방식이다. 사용과 관리가 편리하며 다양한 가격대로 나누어져 있어, 가정용부터 사무용, 대형 고급 사진 출력에 이르기까지 다양한 목적을 충족하며 일상적으로 가장 많이 사용되는 인쇄 방식이다. 인쇄 속도가 느리고, 수용성 잉크를 사용하기 때문에 물에 약하며,

오랫동안 사용하지 않으면 프린터 헤드가 막히는 단점이 있다.

## 플로터(Plotter)

플로터는 인쇄 방식이라기보다는 출력장치 그 자체를 의미한다. 잉크젯, 정전식, 열전사식 등 다양한 방식으로 인쇄가 가능하다. 인쇄기의 크기가 일상적으로 접하는 인쇄기의 크기에 비해 매우 크고, 대형 출력이 가능한 것이 특징이다. 정밀도도 높기 때문에 지도나 도면, 대형 포스터를 인쇄하는 데 용이하다. 하지만 이러한 장점은 느린 속도와 높은 비용이라는 단점으로 연결된다.

## 레터프레스(Letterpress Printing)

이름에서 알 수 있듯이 금속 활자(Letter)를 사용한 활판 인쇄다. 이는 역사상 가장 오래된 인쇄 기술 중 하나로, 15세기 이전부터 동서양에서 널리 사용되었다. 대량 인쇄에는 적합하지 않아 현재는 청첩장이나 엽서와 같은 특정한 분야에서만 사용된다.

금속 활자에 잉크를 묻히고 압력을 가해 인쇄하는 방식으로, 이를 위해 평량이 1,000~1,200g/㎡ 이상인 두꺼운 종이를 사용하고, 이러한 방식은 레터프레스 특유의 촉감과 색감을 연출한다. 그러나 한 번에 한 장씩만 인쇄가 가능하며, 활판을 맞추기 위한 수작업 과정이 필요하기 때문에 시간과 비용이 많이 들고, 한꺼번에 다양한 색상으로 인쇄할 수 없다는 단점이 있다.

### 실크 스크린(Screen Printing)

천으로 만든 네모난 스크린에 특수 처리 과정을 거쳐 인쇄할 데이터를 입히면 인쇄할 데이터 부분만 스크린에 잉크가 통과할 수 있게 된다. 이 스크린에 잉크를 묻혀 스퀴지로 밀면 스크린에 입힌 데이터대로 인쇄가 되는 방식이다.

실크 스크린은 옵셋이나 잉크젯 등의 인쇄 방식과는 달리 종이뿐만 아니라 옷감, 유리, 플라스틱과 같은 소재에도 인쇄가 가능하며, 평면이 아닌 곡면 물체에도 가능하다. 또한 판화와 달리 좌우 반전이 없어 작업이 용이한 것도 장점이다. 그러나 스크린마다 다른 색을 사용해야 하기 때문에 2도 이상의 인쇄 작업을 진행할 때 스크린마다 색을 일일이 쌓아야 하므로 비용과 작업 정밀도 측면에서 부적합하다.

## 리소그라프 인쇄(Risograph Printing)

실크 스크린의 디지털 버전이라고 생각하면 이해하기 쉽다. 리소그라프는 옵셋이나 인디고처럼 기본적으로 CMYK 잉크를 사용하지 않고 모든 인쇄를 별색으로 할 수 있기 때문에 다양한 색상 표현이 가능하며 섬세하진 않지만 특유의 빈티지하고 아날로그 한 감성으로 많은 사랑을 받고 있다. 반면 이러한 점이 깨끗하고 정확한 인쇄가 필요한 상업 인쇄에는 부적합하여 단점으로 작용할 수 있다.

# 디자이너 MBTI 순위[27]

## *Designer MBTI ranking*

1   INFP

2   INFJ

3   INTJ

4   ENFP

5   INTP

6   ISFP

7   ENFJ

8   ENTJ

9   ISFJ

10   ISTJ

11   ENTP

12   ISTP

13   ESFJ

14   ESTJ

15   ESTP

16   ESFP

---

[27] 디고디원찬 유튜브 커뮤니티에서 진행한 리서치로, 총 450명의 디자이너가 참여했다.

working as a designer

*Layer — 3.*                    **디자이너로 일하기**

# 애초에 피하는 게 답인 클라이언트 유형

*Types of clients you shouldn't work with*

사랑하는 일을 한다는 건 정말이지 감사하고 행복한 일이지만, 그 일로 돈을 벌다 보면 감내해야 할 것들이 많이 생긴다. 우리가 돈이 없지 자존심이 없나! 일은 일대로 하고, 스트레스는 스트레스대로 받고, 돈은 돈대로 못 받는 일이 없도록 애초에 피하는 게 상책인 클라이언트 유형에 대해 알아보자.

## 계약서 없이 하자는 클라이언트

아무리 작은 계약이라도 계약서는 필수다(몇십만 원 단위의 계약도 포함된다). 프로젝트 금액이 적다? 잘 아는 지인이다? 그렇다고 계약서를 안 쓰고 작업하면 나중에 일이 잘못됐을 때 우리에게는 스스로를 보호할 그 어떤 수단도 없다. 대부분의 법적 분쟁에서 디자이너는 항상 을의 입장이 되기 때문에 반드시 계약서를 써야 한다.

일을 하다 보면 디자이너와 클라이언트 간에 의견이 달라지고 그 골이 깊어지게 되면 서로 분쟁하는 상황이 발생하기도 한다 (안타깝게도 여러분이 생각하는 것보다 훨씬 자주 발생한다). 그럴 경우 합의점을 찾을 기준점이 필요하고 그 기준점이 바로 계약서가 된다. 따라서 계약서는 클라이언트와 디자이너 모두에게 필요하고, 더 나아가 우리 자신을 보호할 수 있는 최소한의 장치가 된다. 그 최소한의 보호장치도 없이 일을 하자는 클라이언트의 말은 '내가 너를 마음대로 부려 먹겠다'는 뜻과 같다. 선금을 100% 받으면 상관없지 않냐고 생각할 수 있지만 일이 다 끝난 후에 어떠한 트집을 잡을지도 모르고, 디자인이 마음에 안 든다고 막무가내로 돈을 돌려 달라고 하는 말도 안 되는 경우도 있다. 그러니 업무 시작 전에 꼭 계약서를 작성해야 함을 명심하고, 계약서가 필요 없다는 클라이언트와는 애초에 일을 시작하지 않는 것이 좋다.

## 비딩을 요구하는 클라이언트

거짓말 같겠지만 아직도 비딩(Bidding)[28]을 통해 프로젝트를

---

[28] 쉽게 말해, 비딩 시스템은 프로젝트 참여 공고이다. 클라이언트가 공고를 열면 참여 의사를 지닌 업체가 공고 가이드라인에 따라 자료를 준비해 발표한다. 그러면 클라이언트가 견적, 발표, 업체 규모 등을 기준으로 점수를 산정한 뒤 낙찰된 업체와 프로젝트를 진행하는 방식으로, 건설 업계에서 유래했다.

　건축물의 경우 시공 기간이 길고, 작업 비용의 규모가 매우 크며, 안전과도 직결된 문제이기 때문에 건설 업계에서의 비딩은 일반적인 방식으로 통용되어 왔다. 낙찰될 경우 큰 매출 성과를 얻을 수 있고 경쟁 업체 수가 상대적으로 적기 때문에 비딩 시스템이 존재해도 각 회사는 비교적 골고루 프로젝트를 수주하는 편이다.

　하지만 디자인 업계는 프로젝트의 규모가 건설 업계와 비교도 안 될 만큼 작으며, 경쟁 업체의 수도 월등하게 많다. 물론 지금은 디자인 업계에서 비딩이 많이 사라지고 있는 추세이지만, 10년 전까지만 하더라도 비딩을 당연하게 요구하는 경우가 많았으며 아직도 존재한다.

진행하려는 클라이언트가 있다. 정상적인 경우라면 디자이너나 스튜디오의 포트폴리오를 검토한 후 견적을 받고 금액과 세부 사항을 조율하여 계약을 맺고 프로젝트를 진행한다. 하지만 비딩을 요구하는 경우는 특별한 계약 없이 여러 업체에 무료로 디자인 시안을 받아 본 뒤 마음에 드는 업체와 계약을 맺는 방식이다. 언뜻 보면 일의 순서만 바뀐 게 아닌가 싶겠지만 이는 굉장히 비상식적인 행동이다.

이해가 쉽도록 예를 들어 보자면, 식사를 하려 맛집이라는 A 음식점을 찾아가서 음식의 '일부'를 조리해 달라고 부탁한다. 옆의 B라는 음식점에도 똑같은 요구를 한다. 그렇게 맛집 몇 군데에서 조금씩 음식을 먹어 보고 가장 맛있는 곳에 가서 정식으로 음식을 주문한다. 그럼 선택되지 않은 다른 음식점들은? 아쉽지만 다음 기회를 기다려야 한단다. 이게 얼마나 비상식적이고 정신 나간 행동인가?

더 웃긴 건 비딩을 요구하는 프로젝트가 몇억도 아니고 몇백, 몇십만 원짜리 프로젝트라는 거다. 고작 몇십만 원을 위해 이런 말도 안 되는 시스템에 시간과 열정을 낭비할 것인가? 비딩을 요구하는 클라이언트는 무조건 거르는 게 맞다.

## 프로젝트 다 끝나면 돈 주겠다는 클라이언트

화장실에 들어갈 때와 나올 때의 마음은 다르다. 나 역시도 마찬가지이며 이는 부정할 수 없는 사실이다. 아무리 착한 클라이언트라도 프로젝트를 시작하기 전과 후의 마음은 바뀔 수밖에 없다. 결과물을 받고 돈을 지불해야 하는 상황이 오면 조금 늦게 줘도 문제 없겠지라는 마음이 생긴다. 클라이언트는 목적을 달성했고 그다음은 그들에게 더 이상 급하고 중요한 일이 아니기 때문이다.

그래서 나는 백만 원 아래의 금액이나 5년 넘게 꾸준히 일해서 서로 신뢰를 쌓은 협력사, 재계 순위를 확인할 수 있는—누가 봐도 대금을 지불할 능력이 충분한—대기업이 아닌 경우에는 무조건 착수금을 먼저 받고 시작한다. 프로젝트 시작 전 착수금 50%, 프로젝트 완료 후 잔금 50% 지급이 가장 일반적인 방식이다. 바꿔 말하자면 개인적으로도 선금으로 100% 지급을 크게 선호하지 않는다는 이야기이다. 나 역시 프로젝트 시작 전에 대금을 100% 받는 것은 동기부여 측면에 있어서 부정적인 부분이 더 많다고 생각하기 때문이다. 돈을 받는 우리 입장도 이런데, 돈을 줘야하는 클라이언트가 선금 없이 프로젝트 종료 후 대금을 지급하겠다고 하면? 피하는 게 답이다.

## 프로젝트에 대해 전혀 모르는 클라이언트

프로젝트를 전담하는 담당자가 없으면 업무 처리가 더디거나 아예 진행 자체가 불가능한 경우도 생긴다. 예를 들어 제품 디자인을 진행할 때 클라이언트 쪽 담당자가 없거나 관련 지식과 경험이 적은 담당자라면 디자이너가 클라이언트를 교육하면서 프로젝트를 진행해야 하는 상황이 발생하는 것이다.

> 디 자 이 너: MOQ[29]가 어떻게 되죠? MOQ를 알아야 저희가 인쇄나 후가공을 정해서 제안 드릴 수 있거든요.
>
> 클라이언트: MOQ가 뭐죠?
>
> 디 자 이 너: 어…음….(우리는 디자인을 하는 것이지 담당자에게 업계 교육을 하는 것이 아닌데….)

디자인 작업을 하는 시간 외에 담당자에게 일일이 설명하고 담당자를 이해시켜야 하니 프로젝트 기간이 늘어날 수밖에 없다. 디자이너나 디자인 회사는 맨파워(Manpower)를 바탕으로 일을 수행하기에 시간이 곧 자산인데, 시간이 지체된다는 것은 손해를 의미한다. 이럴 경우엔 프로젝트 기간에 대한 견적 조정을 요구하고 만약 받아들일 수 없다면 일을 진행하지 않는 편이 낫다. 대수롭지

---

[29] Minimum Order Quantity. 최소 주문 수량.

않게 생각할 경우 6개월짜리 프로젝트에 3년 넘게 매달리고 시달리는 자신을 보게 될 수 있을 것이다.

## 반말하는 클라이언트

놀랍지만 지금도 반말하는 클라이언트가 있다(관심받으려고 거짓말하는 게 아니다). 높은 확률로 나이 많은 '꼰대'들이 대부분인데, '우리 때는 디자이너한테 기라고 하면 기고, 까라고 하면 깠어.'라는 사고방식에서 아직 벗어나지 못한 경우다. 실제로 디자인 업체가 프로젝트 수주에 대한 대가로 업체 담당자에게 술 사주고, 선물 사주고, 여행도 보내 주던 때가 있었다. 하지만 이건 시대가 변했다고 말하기 전에 애초에 잘못된 행동이다. 더 웃긴 건 클라이언트 업체 담당자는 그게 자기 돈인 것마냥 생색을 낸다는 것이다(저기… 그 돈 회삿돈인데요?).

삼십 대에 만난 클라이언트는 대놓고 반말하진 않았지만, 오히려 존댓말과 반말을 섞어가며 말해서 기분이 더 나빴던 기억이 있다. "디자인 제대로 하는 거야? 마는 거야? 내가 이런 것까지 알려줘야 해요? 지금까지 뭐 한 거지? 내가 저번에 말했는데?" 내가 자기 부하직원이라도 된 듯 갑질과 하대가 아주 자연스럽더라. 삼십 대 중반인 나에게도 이랬는데, 나보다 더 어린 디자이너들에게는 어땠을까?

정당한 '대가'를 받고 일하는 것도 중요하지만, 정당한 '대우'를 받으며 일하는 것 역시 간과해서는 안 된다. 비정상적인 클라이언트를 상대하며 받는 정신적 스트레스는 어쩌면 디자인을 대가로 받는 비용보다 훨씬 더 클 수 있다. 좋은 클라이언트를 만나는 것은 복이지만, 나쁜 클라이언트를 잘 피하는 건 능력이다.

# 디자이너와 클라이언트가 지켜야 할 선

*The line that designers and clients need to keep*

이번 주제는 디자이너뿐 아니라 클라이언트를 위한 것이기도 하다. 디자이너와 클라이언트의 관계를 가장 잘 설명하는 단어는 무엇일까? 나는 '협력 관계'라고 생각한다. 하지만 그 관계가 이상적이지 않은 방향으로 흘러갈 때도 많다. 서로 스트레스를 주고받고, 미워하고…. 분명 디자인이 좋아서 디자이너가 됐는데 가끔은 다른 이유로 이 일을 그만두고 싶을 때가 생긴다.

## 갑질하지 말기

우리나라에서 특히 심한 독특한 관계 설정인 것 같긴 한데, 그건 바로 '나는 돈을 지불했으니 갑질을 해도 된다'고 생각하는 잘못된 사고방식이다. 업무 시간 외의 연락이 주말까지 이어지거나, 말도 안 되는 일정을 요구하기도 한다(금요일 오후 6시에 전화 해서 월요일 아침까지 수정해달라는 경우 같은). '까라면 까'라는

식의 태도는 클라이언트와 디자이너의 관계에 적합하지 않은
태도라고 할 수 있다.

물론 클라이언트는 적지 않은 돈을 지불하고 작업을 의뢰했으니
그 돈이 아깝지 않기를 바라는 것은 지극히 정상이다. 하지만
그러기 위해선 절대적으로 좋은 결과물이 나올 수 있는 방향으로
가야 한다. 한마디로 *디자이너가 가장 좋은 결과물을 만들어낼
수 있는 환경을 만들어 주는 게 클라이언트가 할 수 있는 최선의
역할*이라고 생각한다.

하지만 안타깝게도 대부분의 클라이언트는 디자이너를 독촉하고,
옥죄고, 압박할 때, 흔히 말해 '디자이너를 쫄 때' 좋은 결과물이
나올 거라고 착각한다. 마음속 여유를 가지고 디자이너들을 믿는
것이 중요하다. 애초에 우리에게 일을 의뢰한 바탕에는 실력에
대한 믿음이 있지 않았는가? 칭찬은 고래도, 심지어 코끼리도
춤추게 한다고 했다. 디자이너에게 칭찬은? 의도하지도 않은
두세 배의 더 멋진 결과물로 돌아올 것이다.

## 믿고 맡기기

처음 말한 것과 연장선에 있는 이야기지만 좀 더 자세히
말하자면, '디자이너에게 전적으로 작업을 믿고 맡길 때' 가장
좋은 결과물이 나온다. 프로젝트를 진행하다 보면 기획이나

개발에 관해서는 아무 말도 못 하면서 디자인에 대해 이야기할 때는 다들 태도가 돌변한다. 프런트엔드나 백엔드와 같은 개발 용어에 대해서는 일절 알지 못하지만, 나도 옷 사고 가전제품 사면서 디자인에 대한 안목을 갖췄다며 너도나도 한마디씩 거드는 걸 자주 본다. 그리고 그것이 자신들에게 맡겨진 일이라고 생각 한다. 적극적인 태도는 좋지만 사공이 많으면 배가 산으로 간다는 사실을 기억해야 한다(산으로만 가도 다행이다). 그래, 사공은 많을 수 있다. 하지만 이 배를 책임지고 컨트롤하는 사람은 디자 이너라는 사실을 절대 잊지 말아야 한다.

디자인 업체나 디자이너를 얼마나 신중하게 선택했었는지 다시 생각해 봤으면 좋겠다. 친분이 있어서, 제비를 뽑아서 결정한 것이 아니다. 포트폴리오와 견적을 꼼꼼히 확인하고 비교하면서 선택한 업체고 디자이너다. 그러니 끝까지 믿고 가보자. 시안을 보여줬을 때 입 닫고 가만히 있으면 무능한 클라이언트로 보일까 봐 겁이 날 수도 있다고 생각한다. 시안 미팅에서 한마디라도 거들어야 대표나 부서장이 나를 능력 있다고 생각할 것 같아 조바심 내서 아무말 대잔치를 열 필요도 없다. 디자인은 절대 입으로 하는 것이 아니다. 그리고 단언컨대 지금까지의 디자인 프로젝트 중 대내외 평가가 가장 높고, 클라 이언트도 우리도 가장 만족한 프로젝트는 '클라이언트가 전적으로 우리에게 믿고 맡겼을 때' 나올 수 있었다(수많은 해외 매체에 소개되고 여러 디자인 어워드를 수상함은 물론이다).

클라이언트가 기꺼이 비용을 지불한 것은 자신이 하지 못하는 이 프로젝트를 누구보다 잘 구현할 전문가에 맡기기 위함이다. 그리고 믿고 맡기는 것이야말로 가장 좋은 디자인 결과물과 성공적인 프로젝트를 위한 열쇠임을 강조하고 싶다.

## 입장 바꿔 생각하기

반대로 이번엔 디자이너들에게 해당하는 이야기이다.

디자이너들의 역할과 목적은 뭘까? 그건 바로 그들이 가진 문제를 해결하고 좋은 결과물을 만들어 클라이언트에게 전달하는 것이다. 그러다 보니 종종 디자이너 측에서 클라이언트의 의견을 수용하지 않는 경우도 있다. 디자이너의 입장에서는 클라이언트의 의견이 좋은 결과물과 연결되지 않는다고 생각하기 때문이다. 물론 디자이너가 클라이언트의 모든 의견을 반영할 필요는 없고, 그 의견이 디자인 전문가인 우리가 봤을 때 잘못된 것이라면 그들을 설득할 필요가 있다. 우리 디자이너들에게도 좋은 디자인을 만드는 것이 궁극적인 목표인 것을 잊으면 안 된다.

하지만 반대로 클라이언트의 입장도 이해할 필요가 있다. 아이러니하지만 몇몇 담당자의 입장에선 단순히 결과물만 좋게

나오는 것이 전부가 아닐 수 있다. 그들에겐 차마 솔직히 말하지
못할, 자신의 '밥줄'과 관련된 여러 가지 속사정이 있을 수 있다.
보통 디자이너가 시안을 만들어 담당자에게 건네면 담당자는
위에 보고한다. 누가 봐도 좋은 디자인이고 보고도 성공적으로
잘 마쳤다 하더라도 위에서 아닌 것 같다 하면 그 디자인은 아닌
거다(적어도 그들의 입장에서는). 안타깝지만 사회생활은 현실
이다. 상사의 의견이 합리적이지 않다고 면전에 대놓고 지적할
수 있는 사람은 대한민국에 많지 않다. 직급 차이가 얼마 나지
않는 상사라면 담당자도 설득을 시도할 순 있지만, 임원급 상사
나 대표의 의견에 정면으로 반박한다? 전혀 현실적이지 못한
이야기다.

　그래서 나는 담당자도 만족한 좋은 결과물임에도 며칠 뒤에
상상하지 못한 피드백이 온다면 일단 고민하고 조심스럽게 이유
를 물어본다. 담당자가 뾰족한 이유를 대지 못하거나 말끝을 흐린
다면 디자인 전문가로서 마지막으로 한 번 더 강력히 설득해 본다.
그래도 안 된다고 하면 좋은 결과물보다는 좋은 끝맺음에 중점을
두며 프로젝트를 마무리 짓는다. 애초에 이 사안은 디자이너의
손을 떠난 문제다. 위에서 못 박았으면 결코 뒤집기 쉽지 않기
때문이다. 좋은 결과물에 대한 집착을 버리지 않으면 오히려
담당자와의 관계만 더 안 좋아지고, 최악의 상황엔 프로젝트가

중간에 드롭(Drop)될 수 있다. 그럴 때는 '이번 프로젝트는 포트 폴리오에 못 올라가겠구나' 하고 프로젝트를 잘 마무리하는 것이 현명한 대처 방법일 수 있다.

물론 답답한 것을 넘어 분할 때도 많다. '분명 이렇게 하면 더 좋은 결과물이 나올텐데….' 디자이너 입장에서는 내 자식과도 같은 디자인이 외압에 의해 내 의도와는 상관없이 세상에 나오는 것을 보는 것만큼 가슴 아픈 일도 없다. 하지만 디자인이 우리에게 중요한 것만큼이나 담당자의 사회생활도 중요하다. 솔직히 '한 번의 성공적인 디자인 프로젝트 vs 앞으로의 직장생활'을 비교해 본다면 담당자 입장에서 선택은 이미 정해진 거다. 그러니 이런 경우엔 우리가 이해할 수 없는 내부 사정이나 정치적인 이유가 있었겠거니 생각하고 좋게 마무리하는 것을 추천한다.

## 적극적으로 소통하기

디자이너는 클라이언트와 적극적으로 소통해야 한다. 혹자는 디자이너들이 폐쇄적이고 외골수적인 경향이 있다고 평가하는데 솔직히 나도 디자이너이지만 일부 공감한다. 내향적인 성격이나 성향이 디자인을 함에 있어 부정적인 면만 있다고 생각하지는 않으나 커뮤니케이션에 있어서는 분명 주의해야 할 부분이 존재한다.

클라이언트로부터 첫 브리핑을 받고 난 후 디자이너는 영감과 열정으로 가득 차 자기만의 세계에 갇히기 쉽다. 프로젝트 내내 일절 연락도 없다가 마지막 순간에 '짜잔!'하고 디자인을 보여줬을 때 클라이언트가 감동하는 영화의 한 장면과도 같은 상황을 꿈꾸고 있을지도 모른다. 하지만 올바른 디자인 실무에서는 있을 수 없는 일이다. 실제로 이 드라마틱한 디자이너의 의도로 인해 어디서 부터 잘못된 것인지 몰라 클라이언트의 속은 까맣게 타들어갈 수도 있다. 일정이 아주 짧은 경우라면 프로젝트가 드롭되는 것도 전혀 이상하지 않은 상황이다.

이런 불상사를 방지하기 위해선 중간중간 커뮤니케이션을 자주 해야 한다. 디자이너와 클라이언트는 우리가 어디를 향해 가는지, 도착지는 어디이고 우리가 어디쯤 왔는지 서로 항상 그 상황과 위치를 명확히 인지하고 있어야 한다.

나는 첫 시안을 보여주기 전에 미팅이나 자료 전달을 통해 미리 방향성을 공유한다. 그래야 클라이언트 입장에서도 디자 이너가 생각하는 방향성을 알 수 있고, 결과물을 어느 정도 예측할 수 있다. 시안이 나온 이후에 방향성이 서로 다른 것을 알게 되고, 처음부터 다시 디자인을 시작하게 되면 소중한 시간, 에너지, 리소스를 낭비한 것에 지나지 않는다. 개인적으론 일을 할 때 메신저를 통한 실시간 소통을 선호하진 않지만, 빠른 자료 전달과 즉각적인 피드백이 가능하다는 장점 때문에 카톡을 통해 자료를 전달하며 클라이언트와 적극적으로 소통하려 한다. 클라이언트 쪽에서 적극적으로 소통하지 않아도 디자이너가 중간중간에 자주, 가볍게 소통하면 클라이언트도 불안감을 느낄 일이 적고, 나중에 서로의 방향과 의견이 크게 엇나가 버리는 리스크를 확실히 줄일 수 있다.

디자이너와 클라이언트, 서로 다시 한번 명심하자.

- 첫 번째, 내가 돈을 줬다고 디자이너를 부릴 수 있다고 생각하지 말자. 업무 시간 외에 주말에 카톡 한다고 일 잘하는 거 아니다. 좋은 결과가 나올 수 있는 환경을 만들어 주는 게 클라이언트의 역할이다.
- 두 번째, 디자이너에게 믿고 맡기자. 그들은 전문가다. 포트폴리오를 보고 맡긴 것 아닌가? 믿고 맡기면 충분히 좋은 결과가 나온다.
- 세 번째, 클라이언트의 입장을 이해하자. 그에겐 밥줄이 달린 중요한 문제다. 그들에겐 좋은 디자인 프로젝트 하나보다 회사에서의 입지가 더 중요할 수 있다. 그러니 좋은 디자인을 위해 억지로 강요하지 마라. 좋은 게 좋은 거라고, 포트폴리오에 올릴 프로젝트는 다음을 기약한다고 생각하자.
- 네 번째, 클라이언트와 자주 소통하자. 디자인은 절대 마지막에 '짜잔!'하고 보여주는 마술쇼가 아니라 수시로 소통하며 서로의 이견을 좁혀가는 과정의 연속이다. 중간중간 우리가 어떤 방향으로 가고 있는지 알 수 있도록 자주 소통하자.

# 눈 뜨고 코 베이지 않는 실무 프로세스

*Practical process for working smarter*

유튜브 댓글이나 내가 운영하는 디자이너 커뮤니티(네이버 카페), 혹은 이메일을 통해 잔금을 못 받았다거나 계약서 내용과는 다른 일을 시켜 고민이라는 사연이 의외로 많은 걸 보면 생각보다 클라이언트에 의해 쉽게 휘둘리는 디자이너들이 많은 것 같다. 진상을 부리는 클라이언트도 나쁘지만, 애초에 딱 잘라 말하지 못해 스스로를 호구로 만드는 경우도 있다. 물론 그러고 싶어서 그런 게 아닐 거란 걸 안다. 뭔가 잘못된 것 같지만 잘 모르기 때문에 다 해 주고 뒤에서 눈물을 훔친다는 것도 잘 안다.

프로젝트는 보통,

컨택 → 이니셜 미팅 → 업무 범위 협의 → 계약서 및 견적서 전달 → 계약서 날인 → 계약금 지급 → 프로젝트 시작 → 시안 전달 → 여러 차례의 검수와 수정 → 최종 결과물 전달 → 잔금 지급

순서로 이루어진다. 물론 상황에 따라 순서는 조금씩 달라질 수 있지만 이 순서와 크게 어긋나는 프로세스로 일이 흘러간다면 한 번쯤 의심해 봐야 한다.

여기서는 디자인 작업의 세세한 진행 과정이 아닌 클라이언트와 일을 시작하고 마무리하는 일반적인 프로세스에 대해 알아보자.

## 1. 컨택

별도로 영업을 하지 않는다면 프로젝트 의뢰는 보통 전화, 이메일, 인스타그램 DM, 지인 소개 등으로 온다. 절대 하면 안 되는 응대법은 밑도 끝도 없이 처음부터 "얼마예요?"라며 비용을 물어보는 물음에 전부 답해 주는 것이다. 똑같은 프로젝트라도 기획 참여 여부, 프로젝트 기간, 시안 개수 등에 따라 견적이 천차만별로 달라지는 것이 당연하다. 어떤 프로젝트인지 제대로 설명하지 않고 이메일이나 전화로 대충 비용을 물어보는 건 대다수가 타견적서[30]를 필요로 하거나 동종 업계 사람을 찔러보기 위함이다. 나도 많이 당해 봤다. 그래서 나는 그렇게 비용을 알아보기 위해 찔러보는 연락엔 일체 답신하지 않는다.

첫째, 실제로 프로젝트를 안 할 가능성이 높고, 둘째, 한다 해도 골치 아플 일이 많다는 것인데, 상식적으로 제대로 된 기업

---

[30] 타견적서란 '다른 업체의 견적서'라는 의미지만 보통은 다른 회사의 견적보다 적은 비용의 견적을 냈음을 증명하기 위해, 동종업계 다른 회사의 견적서를 동봉하는 것을 의미한다.

이나 기관에서 전화나 DM으로 "얼마예요?"라고 다짜고짜 물어
보는 경우는 없다. 즉, 상식적인 프로세스로 일을 진행하기 힘들
가능성이 매우 높다는 것을 의미한다.

　만약 클라이언트 측에서 이메일이나 전화로 어느 정도 프로
젝트에 대해 설명한 후 견적을 요구하는 경우엔 이런 식으로
회신한다.

> 보내주신 메일 잘 확인했습니다.
> 저희 스튜디오는 견적서 요청으로 인한 내부 자료 노출 방지와 업무 scope(범위)
> 를 정확히 파악한 후 견적을 산출하고자 미팅을 통해 저희의 작업 프로세스를
> 보여 드린 후 견적을 보내 드리고 있습니다.
> 미팅이 필요한 경우 가능하신 스케줄을 알려 주시면 회신 드리겠습니다.

　그럼 여기서 1차적으로 걸러진다. 단순히 가격이 궁금해서
견적을 요청한 사람은 굳이 시간을 내어 미팅까지 오지 않을
것이다. 혹 드물게 타견적서를 위해 미팅에 오더라도 실제로
만나 이야기를 나눠보면 그들의 진짜 의도를 알 수 있다. 그러니
문의를 받자마자 정확한 비용이나 숫자를 이야기하지 말고, 대면
미팅, 최소한 화상통화를 통해 프로젝트 설명을 자세히 들은 다음
정식으로 견적서를 전달하는 것이 좋다.

　개인적으로 나는 대면 미팅을 선호한다. 물론 매 단계마다

미팅을 하면 서로 피곤하지만, 경험상 적어도 프로젝트 시작하기 전에 미팅을 통해 담당자의 얼굴을 보고 정식으로 인사도 했을 때 프로젝트가 더 수월하게 진행된 경험이 많았다.

## 2. 업무 범위 협의

프로젝트 진행 의사가 있어 일을 하기로 결정했다면 세부 사항을 협의하고 업무 범위를 논의하는 시간을 갖는다. 프로젝트 기간은 얼마 동안인지, 디자인 개발 개수는 몇 종인지, 디자인 시안의 개수 확장이 단순 레이아웃 변형인지 크기가 달라지는지, 아트 워크(Artwork) 개발이라면 몇 장을 개발하고 온라인과 오프라인 중 어디에 쓰일 건지 등 프로젝트의 범위에 대해 아주 자세히 협의 해야 한다.

프로젝트 시작 전 유사한 프로젝트의 예시를 보여 주며 우리가 진행하는 디자인 프로세스도 미리 보여 주는 게 좋다. 보통 포트 폴리오에는 결과물만 있기 때문에 클라이언트는 일의 자세한 진행 과정을 알기 어렵다. 그런 상태에서 클라이언트가 세부 견적 항목을 보면 생각보다 비싼 비용에 놀라게 된다(기획, 분석, 경쟁 사 조사, 팔로우업(Follow-up)[31], 감리 등 디자인 개발 외에도

---

[31] 디자인이 양산되는 과정과 그에 따른 수정까지 업무에 참여하며 관리하는 것을 의미한다.

많은 항목이 포함되어 있다). 하지만 작업 방식과 과정을 자세히 알려 주면 클라이언트도 견적 비용과 항목에 대해 쉽게 납득할 수 있다.

프로젝트 시작 전에 일정에 대해 논의하는 것도 정말 중요하다. 세부 타임라인을 작성하기도 하고 프로젝트 기간이 비교적 짧다면 중간 점검일이나 시안 전달 일자, 프로젝트 종료 시점 등을 논한다. 이런 식으로 사전에 일정을 논의해야 단계별 서로의 역할에 대해 꼼꼼하게 체크할 수 있고, 급작스러운 일정 변경에도 대응할 수 있다.

만일 한두 달 이상의 기간이 소요되는 프로젝트라면 단계별로 세부 일정을 정하는 것을 추천한다. 물론 공휴일이 낀다거나 담당자가 휴가를 가는 등 약간의 일정 변동은 있을 수 있다. 하지만 애초에 일정 없이 작업하는 것은 매우 위험하고, 클라이언트의 무리한 일정 요구에도 할 말이 없어진다. 따라서 스케줄에 대한 논의와 단계별 결정 사항을 양측이 명확하게 인지한 상태에서 일을 진행하는 것이 좋다.

　　보통 프로젝트 규모가 작고 관련 담당자가 많지 않다면 이메일로 업무 프로세스와 스케줄을 전하지만, 규모가 크고 관련 담당자가 많은 프로젝트의 경우엔 엑셀이나 노션과 같은 업무 일정 공유 프로그램을 통해 프로세스와 스케줄, 단계별 담당자와 진행 상황 등을 세부적으로 점검하고 공유하는 것이 필요하다.

**OOO Design PROCESS**

| Phase | Level 1 | Level 2 | 비고/이슈 | 담당자 | 요청시작일 | 요청종료일 |
|---|---|---|---|---|---|---|
| **Research** | 자료조사 | 국내.해외 동사제품조사/시/트렌드조사 | | OOO | | |
| | | 소비자 디자인 트렌드 분석 | | OOO | | |
| | | 디자인 아이텐티티 정리 | | OOO | | |
| | | 조사결과에 따른 디자이너 방향 보고 | | OOO | | |
| | 벤치마킹 스터디 | 제품구성/구조파악 | 가능 제품 기본 구조 분석 | XXX | | |
| **Assistance** | 정부지원사업 연결링 | 정부지원사업 조사 | | DDD | | |
| | | 정부지원사업 방향 구성 | | DDD | | |
| | | 지원서 양식/방부 보고서 대응 방부 구성 | | DDD | | |
| | | 사업계획서 (발표자료) 지원 | | DDD | | |
| **Concept** | Ideation | 상품기획 | | OOO | | |
| | | 디자인 아이덴티티 | | OOO | | |
| | | 비 기획/디자인 | | XXX | | |
| | | 제품모조 | | XXX | | |
| | 컨셉 도출 | 디자인컨셉조스 | | XXX | | |
| **Design** | 아이디어 스케치 | 컨셉발상 | | XXX | | |
| | 디자인 | 스케업링 | | XXX | | |
| | | 2D 도면, 1차 스케업 | | XXX | | |
| | | 3D 렌더링 | | XXX | | |
| **1st Presentation** | 디자인 렌더링 완료 | 디자인 컨셉 및 현타링 프리젠테이션 | 최종안 선택 | XXX | | |
| **Mock-Up** | Mock-Up 제작 | 선택안 컬러 및 디테일 디자인 완성 | Vook 벤자 (샘접) 합의 | XXX | | |
| | Mock-Up 제작 | Mock-Up내부 따름 | | XXX | | |
| | | CMF/Pattern 적용 | | DDDD | | |
| **2nd Presentation** | 디자인 작업 완료 | 최업용품 및 리송안 확정 | 최종안 확정 | | | |
| | | Project 위한 Data 취급 이관 및 업무종료 | | XXX | | |
| | | 향후 양산 관련 Follow-Up 대응 | | XXX | | |

## 3. 계약서 및 견적서 전달

　　견적서와 계약서는 각자가 정한 형식에 따라 전달하면 된다. 기업의 규모가 큰 경우 정해진 계약서 양식을 갖고 있고, 당연하게도 그 내용은 디자이너가 아닌 기업에 유리하게 작성되어 있다. 때문에 만일 클라이언트 측에서 먼저 계약서에 대해 언급하지 않으면 디자이너의 입장에서 합리적인 조건으로 작성된 계약서를 보내는 것을 추천한다.

　클라이언트가 보낸 계약서를 점검하지 않고 바로 날인하는 건 매우 어리석고 위험한 행동이다. 무조건 클라이언트의 요구를 수용해야 한다는 생각도 옳지 않다. 물론 우리가 계약서 내용의 하나부터 열까지 모든 걸 바꿀 수는 없지만, 부당한 내용에 대해서는 단호하게 거절해야 한다. 계약서 내 특정 조항의 수정을 원할 경우 원래 문장에 취소선을 긋고 수정 내용을 적으면 상대측에서 나의 입장과 의사를 파악하고 조율할 수 있다.

　원칙적으로는 계약서가 날인된 후에 프로젝트를 시작하는 것이 맞지만, 내부 프로세스에 따라 짧게는 일주일에서 길게는 한 달 이상 법무팀의 검토가 이뤄지는 경우도 있어서 이런 경우엔 계약에 대해 구두로 합의한 시점부터 일을 진행하는 게 현실적이다. 계약서 날인이 처리되지 않았다거나 계약서 검토 기간이 길어진다고 조바심 낼 필요는 없다. 법무팀까지 있는 규모의 회사에서 비용을 지급해 주지 않고 도망갈 일은 없다고 봐도 된다. 보통 견적 협의가 끝나고 구두, 혹은 이메일 등의 서면으로 프로젝트를 진행한다고 확실한 답을 줬으면 안심하고 디자인을 시작하면 된다.

## 4. 선금 지급

일반적인 디자인 대금 지급 방식은 선금 50%, 잔금 50%이다. 프로젝트가 시작됨과 동시에 클라이언트는 세금계산서 발행을 요청할 것이다. 계약서상 세금계산서를 발행한 날짜로부터 일주일 안에 선금을 지급하기로 했다면 이에 맞춰 선급금을 받게 된다. 만일 프로젝트가 시작되고 계약서 날인까지 마쳤는데도 상대편에서 세금계산서 발행에 대한 요청이 없다면 디자이너가 먼저 클라이언트에게 세금계산서 발행일을 언제로 하면 될지 물어보고 발행하면 된다. 보통 계약서의 프로젝트 시작 날짜로 발행한다.

## 5. 잔금 지급

프로젝트가 잘 마무리되어 최종 파일을 전달할 때는 잔금에 대한 세금계산서 발행 날짜와 이메일 주소, 품목을 꼼꼼하게 확인하는 것도 잊지 말아야 한다. 최종 파일을 전달받고 난 뒤에 클라이언트는 더 이상 아쉬울 게 없는 입장이기 때문에 최종 파일을 전달한 후에 세금계산서 얘기를 꺼내면 회신이 늦을 수 있다. 한마디로 일이 완전히 마무리되기 직전에 정산에 대한 이야기를 깔끔하게 끝내야 클라이언트 측에서도 비용 지급을 인지하고 지체 없이 잔금을 처리해 줄 수 있다. 경우에 따라 세금계산서 외에 거래명세서[32]를 요구하는 경우도 있다.

좋은 작업물을 클라이언트에게 안겨 주는 것도 중요하지만, 좋은 작업물이 나올 수 있는 최적의 업무 환경을 만들기 위해 스스로도 노력해야 한다. 불합리하고 의심 가득한 찜찜한 상태에서 진행되는 프로젝트에서 좋은 결과물을 기대하기는 어렵다. 프로젝트의 진행 과정을 명확히 알고 이상한 부분에 있어서는 당당히 권리를 요구하는 똑 부러지는 디자이너가 되자!

---

[32] 거래명세서란 디자이너에게 납품받은 제품이나 디자인에 대한 항목별 비용을 표기한 문서다. 실제 결과물이 납품되었음을 확인하기 위한 용도이며, 회사 내부 규정에 따라 세금계산서 지급을 위해 요구한다.

# 학생과 주니어 프리랜서 디자이너를 위한 견적 계산법

*How to calculate estimates for students and junior freelance designers*

대학에서 학생들을 지도하며 많이 들었던 질문 중 하나는 외주 프로젝트 견적에 관한 것 즉, '도대체 얼마를 받아야 하는지'에 관한 것이었다. 학생이나 경력이 적은 프리랜서 디자이너들이 최저시급보다 못한 금액을 받거나, 노동력 착취 수준의 환경에서 외주 작업을 하는 경우가 생각보다 많다. 아무래도 업계의 통상적인 견적에 대한 정보를 잘 모르기도 하고, 불합리하다고 생각할지라도 실무 포트폴리오나 경력을 쌓는 것이 간절해서일 것이다. 하지만 정당한 대가를 받고 일하는 것은 자신뿐만 아니라 동료나 앞으로 디자이너가 될 후배들을 위함이기도 하므로 올바른 정보를 바탕으로 나에게 맞는 견적을 계산해야 한다.

그렇다면 견적을 어떻게 내는 게 좋을까? 견적을 산출하는 여러 가지 방법이 있지만, 학생이거나 경력이 없는 디자이너라면 디자인대가기준종합정보시스템[33]에 공지된 등급별 노임 단가 공표를 참고하여 견적을 계산하는 것도 한 가지 방법이다. 이 공표를 참고하면 등급별, 분야별 단가를 확인할 수 있는데, '아 그러면 이 공표를 보고 노임 단가에 작업 일수를 곱하면 견적이 나오겠구나! 쉽네!'라고 생각할 수 있지만, 견적이란 그렇게 간단 하게 계산되는 것이 아니다. 디자이너의 인건비인 노임 단가 외에 도 미팅, 아이데이션, 스케치, 유류비, 샘플 구입 등 고려해야 할 사항이 많다.

비교적 간단한 작업에 속하는 포스터 디자인을 예시로 견적을 계산해 보자.

학생 혹은 경력이 낮은 프리랜서 디자이너의 경우 대부분은 보조 디자이너 등급에 속하니 보조 디자이너의 시각 디자인 단가인 139,492원(2024년도 기준)을 기준으로 하자. 이를 하루 업무 기본 시간인 8시간으로 나누면 시급 17,436원이 나온다.

*참고로 시간 단위로 견적을 산출하는 게 조금 생소할 수 있지만, 외국에서는 디자이너 등급에 분별없이 견적을 산출할 때 시간 단위로 견적을 책정하기 때문에 잘못된 방식이 아니다.*

---

[33] dsninfo.or.kr

그럼 이제 포스터 디자인을 하는 데 필요한 시간을 계산해 보자. 클라이언트와 직접 만나든 줌(Zoom) 등을 활용해 콘퍼런스콜 (Conference Call)을 하든 그 시간 역시 작업 시간에 포함된다. 우리에게 정말 '시간은 돈'이니까. 만일 프로젝트의 시작 단계부터 시안, 마무리 단계까지 총 1시간씩 3회를 만난다면 3시간으로 계산 하면 된다. 아무 기반 없이 디자인할 수는 없으니 사례 조사 및 리서치를 위한 시간도 계산해야 한다. 지금은 예시로 3시간으로 잡자. 만일 클라이언트에게 리서치 결과를 자료로 만들어 보여 줘야 한다면 이 자료를 만드는 시간 역시 리서치 시간으로 추가 하면 된다.

아이디어 구상과 스케치 작업을 위한 시간은 5시간으로 계산 하고, 스케치를 디지털화하는 시안 작업은 3개의 시간을 기준으로 총 9시간을 잡아 보자. 샘플에 관해서는 클라이언트가 샘플을 요구할 경우 요구한 장 수를 기준으로 인쇄비, 택배비, 직접 방문 해서 샘플을 수령해야 할 경우엔 교통비를 포함하여 금액을 책정 한다. 예시를 위해 3만 원으로 계산해 보자. 수정 횟수는 미팅 시 기본 제공되는 수정 횟수를 정해놓고 이외에 추가로 진행되는 수정에 관해서는 추가 금액을 정하면 된다. 우선 2회 수정을 기준 으로 4시간으로 정해 보자.

이렇게 하면,

- 미팅: 3시간
- 리서치: 3시간
- 아이데이션 및 스케치: 5시간
- 시안 작업: 9시간
- 샘플 비용: 3만 원
- 수정: 4시간

총 24시간+3만 원(샘플 비용)이 나온다. 이를 토대로 아까 계산한 시급을 곱하면 24시간×17,436원=418,464원이고, 여기에 샘플 비용 3만 원을 더해서 총 448,464원을 받아야 한다.

**mınımlıst**
—

| to | 이원찬 과장님<br>디고디원찬 / 브랜드마케팅 디자인 파트<br>info@wonchanlee.com | | | | |
|---|---|---|---|---|---|

| ○ ○ ○<br>포스터 디자인 | Project Scope | Spec | QTY | Unit Cost | Cost |
|---|---|---|---|---|---|
| 2020.00.00 | **Meeting** | 킥오프 미팅 | 1hr | 17436 | 17,436 |
| | | 시안 미팅 | 2hr | | 34,872 |
| | **Research** | 자료 조사 | 1.5hr | | 26,154 |
| | | 트렌드 조사 | 1.5hr | | 26,154 |
| | **Development** | 아이디어 구상 | 3hr | | 52,308 |
| | | 스케치 | 2hr | | 34,872 |
| | **Design** | 시안 작업 | 9hr | | 156,924 |
| | | 시안 수정 | 4hr | | 69,744 |
| | **Mock up** | 샘플 제작 (A2 포스터 5장) | 5EA | 6,000 | 30,000 |

| | | | |
|---|---|---|---|
| Subtotal | | | 448,476 |
| Round Down | 천원이하 절사 | | -476 |
| **Total** | 부가세 별도 금액 | | **448,000** |

| minimalist<br>Unit████20 Cheongdam,<br>Gangnam, Seoul, Korea | w<br>e<br>t | www.minimalist.kr<br>info@minimalist.kr<br>+82 ████78 | **미니멀리스트**<br>서울시 강남구 청담동<br>████호 |
|---|---|---|---|

▲ 견적 샘플

　헷갈릴까 싶어 말하지만, 이 금액은 학생이나 무경력 디자이너가 청구하는 견적의 기준점이 되는 '최소한'의 금액이다. 작업 난이도나 작업자의 실력, 미팅 횟수 등 여러 사항을 고려하여 이보다 높은 금액을 작업비로 책정해야 한다. 만일 클라이언트와 다른 지역에 살아서 멀리 움직일 일이 있거나, 감리하러 움직여야 하는 경우엔 유류비나 교통비를 청구할 수 있고, 인테리어 작업의 경우 작업 장소 근처에서 상주해야 할 일이 생기기 때문에 식대와 숙박비 등을 포함한 체류비 또한 청구할 수 있다. 체류비의 경우 통상 1박 기준 10만 원으로 책정한다. 쉽게 말해 하나의 프로젝트를 완성하기 위해 하는 모든 일과 과정이 견적서에 포함되는 것이다. 이렇게 상세히 기재해서 청구하지 않으면 자신의 디자인(노동)에 대한 대가를 제대로 받지 못하는 것이다.

　작업비 지급은 일반적으로 시작 전에 50%, 파일을 다 넘기고 나서 마무리로 50% 받는다. 사업자 등록증이 없는 학생 디자이너의 경우엔 원천징수[34] 3.3%를 떼고서 지급되니, 만약 총액에서 3.3%를 넘게 떼고 준다면 잘못된 것이므로 정정을 요구하면 된다.

---

[34] 원천징수란 근로자에게 소득이나 수익을 지급할 때 세금 일부를 미리 징수하는 방법이다. 보통 고용주가 근로자에게 월급을 지급할 때 세금을 미리 공제하여 국세청에 납부한다.

이렇게 견적을 계산하고 나니 재능 거래 플랫폼에서 로고 디자인 하나에 3~5만 원 하는 게 얼마나 터무니없는 비용인지 감이 잡히지 않을까 싶다. 자유 시장 경제 체제를 운운하며 창작자들을 바보로 만드는 현실이 아직도 대한민국 사회에 만연하다. 최저시급만도 못한 가격에 재능 거래 플랫폼에서 디자인을 '팔고' 있는 안타까운 업계 현실에 대해 이야기했더니 경쟁은 당연한 거란다. 본인들의 노동의 대가가 저렇게 터무니없이 평가받는다고 해도 경쟁을 운운할까 싶다. 경쟁은 무슨, 심지어 자기 월급 조금 깎는다고 해도 눈 뒤집혀서 일어날 사람들이.

학생의 입장에선 자신의 디자인이 세상에 나온다는 게 정말 짜릿하고 기분 좋은, 설레는 일이다. 나도 그랬으니까. 누군가는 그 짜릿함과 경험이 금전적 보상보다 중요하다고 생각할 수 있고, 또 적당한 대가가 어느 정도인지 기준을 알기도 어려운 것이 사실이다. 하지만 디자인 업계의 처우 개선과 졸업 후 실무 디자이너가 되어 함께 이 길을 걸어갈 미래의 후배 디자이너들을 위해서라도 자신부터 정당한 대가를 받고 일하도록 노력해야 한다.

마지막으로 덧붙이자면, 견적서와 계약서는 '무조건' 작성해야 한다. 정말 '무조건'이다. 견적서, 계약서 없이 일하는 건 작업비를 안 받아도 된다고, 나는 호구라고 공표하는 것과 마찬가지다. 이 바닥 절대 호락호락하지 않다. 그리고 잊지 말자. 사람은 화장실

들어갈 때와 나올 때 마음이 절대 같을 수가 없다. 그리고 그건 아무리 나와 친한 사람이고 믿을 만한 지인이라고 해도 마찬가지다.

    견적서는 기본적으로는 임금 공표와 지급 규정을 확인하여 견적을 내면 된다. 실제 견적서를 한 번이라도 본 적이 있다면 견적서를 만드는 게 어렵지 않겠지만, 감이 잡히지 않는다면 네이버 카페 '디고디원찬ㅣ디자이너 커뮤니티'에 올려둔 견적서 샘플과 관련 영상을 참고하는 걸 추천한다.

- 등급별 노임 단가 공표(디자인대가기준종합정보시스템): dsninfo.or.kr
- SW기술자 평균임금 공표(한국소프트웨어산업협회): sw.or.kr
- 홍보간행물제작비지급규정(문화체육관광부):mcst.go.kr/kor/s_data/ordinance /instruction/instructionView.jsp?pSeq=2035&pMenuCD=0405020000 &pCurrentPage=2&pType=&pTypeDept=&pTypeHome page=&pSearchType =01&pSearchWord=
- 디고디원찬 견적서(디고디원찬ㅣ디자이너 커뮤니티〉자료실〉디고디 자료실): cafe.naver.com/dgod
- 견적서 작성 요령 설명 영상:

# 계약서, 창작자를 지키는 최소한의 장치
*Contracts, the minimum shield for creators*

불과 몇 년 전 대한민국 창작계에 안타깝고도 슬픈 일이
있었다. 저작권 분쟁으로 어려움을 겪던 국내 유명 만화가님의
작고 소식이었다. 만화가에게는 자식과도 같은 그림이었지만,
불공정한 계약 내용으로 인해 정당한 대가를 받지도 못한 것은
물론 심지어는 자신의 그림마저 마음대로 그리기 어려웠다고 한다.

같은 창작자의 입장으로서, 그리고 양심을 지닌 인간으로서
사람이 사람에게 이토록 불공정한 내용의 계약을 제시하는 것
자체를 이해할 수 없다. 애초에 말도 안 되는 조건의 계약은 제안
조차 되지 않는 게 맞다고 생각하지만 세상은 마음처럼 흘러가지
않는다. 상식과 충돌하는 나쁜 계약이라도 일단 서로가 계약 내용
에 합의했다면 계약으로 인해 발생하는 피해를 되돌리기란 매우
어렵다. 자신이 동의했기 때문이다. 그렇기 때문에 창작자 개인이
스스로를 지킬 수 있어야 한다.

창작자에게 불리한 내용의 계약을 맺는 것도 문제지만, 계약서 없이 일을 하는 건 더 치명적이다. 이건 마치 맨손으로 전쟁터에 나가는 것과 같은 일이다. 아무리 친한 사이라도 예외는 없다. 다시 말하지만, 계약서는 창작자의 권리를 지킬 수 있는 최소한의 장치임을 기억하자. 모든 계약서가 창작자에게 유리한 내용으로 작성되는 것은 아니기 때문에 자신의 권리를 보호할 수 있는 내용으로 계약서를 작성해야 하고, 클라이언트가 작성한 계약서로 계약해야 하는 상황이라면 납득할 수 없는 내용엔 수정을 요청해야 한다.

작업을 하다 마주하는 애매한 부분들, 이것까지 해 줘야 하는 건지, 이런 건 어떻게 청구해야 하는지, 계약이 파기되면 어떻게 해야 하는지 등 해답이 명확하지 않고 계속해서 가슴 한편에 찜찜하게 남아있는 사항에 관한 모든 것은 계약 내용으로 명쾌하게 작성하면 된다. 하지만 디자이너의 요청 역시 클라이언트가 반드시, 모두 수용해야 하는 건 아니기 때문에 상호 간에 이견을 조율하며 계약서를 완성하면 된다. 핵심은 어느 한쪽이 을의 입장이 되어 불리한 조건에 무조건 응해야 할 필요가 없다는 것이다. 특히 일러스트 등 작화를 기반으로 한 IP[35] 계약은 일반적인 디자인 계약보다 훨씬 세부적인 조정이 필요하기 때문에 더욱 주의를 기울여야 한다.

---

[35] Intellectual Property. 지적재산권. 디자인, 문학, 음악, 상표 등 인간의 지적 창조물 중 법적 보호의 가치를 지닌 것들에 법이 부여한 권리를 뜻한다.

　　만일 계약서 내용 전부를 새로 작성할 계획이라면 디자인표준 계약서와 법률문서 작성 서비스를 활용하여 작성하면 된다.

　　하지만 이런 과정이 복잡하고 어렵게 느껴진다면 표준계약서와 디자인 분야 및 과정별 특성에 따라 작성한 계약서 예시를 디자이너 커뮤니티(네이버 카페)에 올려뒀으니 참고하길 권한다. 계약서에 정답이 따로 정해져 있는 것은 아니지만, 해당 계약서들은 실제로 대기업과 협업할 때도 문제 없이 사용한 것이기 때문에 큰 도움이 될 것이라 생각한다. 계약서 양식을 다운받아도 이해하기 어려운 용어나 내용이 있기 때문에 디고디원찬 채널에 올려둔 계약서 설명 영상이나 기타 관련 영상을 참고하면 보다 수월하게 작성할 수 있다.

- 디자인 용역 표준계약서 활용가이드, 디자인표준계약서(디자인권리보호):

  drights.kidp.or.kr/sub/standard_contract.asp
- 디자인용역표준계약서(한국디자인산업연합회): ko-dia.org
- 표준계약서(예술인경력정보시스템): kawfartist.kr
- 디고디원찬 계약서, 일러스트 계약서(디고디원찬│디자이너 커뮤니티〉

  자료실〉 디고디 자료실): cafe.naver.com/dgod
- 법률문서 작성 서비스(로폼): lawform.io

- 디자인 계약서 설명 영상:

- 일러스트 계약서 설명 영상:

# 변호사를 선임하지 않고
# 디자인 분쟁 해결하는 방법

*How to resolve design disputes without hiring a lawyer*

혹시 일하다 이런 경험을 해 본 사람은 조용히 손을 들어 보자.

- 나는 클라이언트한테 돈을 받지 못한 경험이 있다.
- 나는 일이 끝났는데도 클라이언트에게 끌려다니며 돈을 늦게 받은 경험이 있다.
- 나는 계약서에 있지도 않은 내용을 업무로 한 적이 있다.
- 나는 협의된 계약 기간이 끝나고도 일을 한 적이 있다.

대부분 (원하진 않았지만) 을의 입장인 디자이너들은 업무 내용, 기간 등 애초에 계약한 내용이 달라져도 프로젝트 대금이 적거나 비싼 변호사 선임 비용을 감당하기 어렵기 때문에 '재수가 없었거니' 하는 심정으로 그냥 넘어가는 경우가 많다. 하지만 비싼 비용을 들이지 않고, 혹은 무료로 분쟁에 대한 도움과 조언을 받을 수 있는 두 가지 기관이 있다. 디자이너뿐 아니라 일러스트레이터 등 창작자도 혜택을 받을 수 있으니 주변에 널리 알려주자.

## 디자인분쟁조정위원회

디자인진흥원에서 운영하는 조정기구인 '디자인분쟁조정위원회'의 분쟁 조정 서비스를 활용하면 적은 비용으로 분쟁 해결에 도움을 받을 수 있다.

디자인분쟁조정위원회는 "디자인산업계에 만연한 불공정한 거래 관행을 개선하기 위하여 디자인 사업자와 이용자 간의 발생하는 다양한 산업 디자인과 관련된 계약 관련 분쟁을 신속하고 공정하게 해결하는 조정기구"로, 해당 기구에 분쟁 조정을 신청하면 디자인 업체 대표, 학계 교수, 변호사 및 변리사로 이루어진 법률자문단의 도움을 받을 수 있다. 디자인분쟁조정위원회 담당자의 말에 따르면, 신청된 사건의 90%는 실제 재판으로 가지 않고 상호 협의 수준에서 분쟁을 마무리한다고 한다. 신청서 및 관련 서식 작성은 디고디원찬 유튜브 채널에 올라온 영상이나 관련 정보를 참고하면 비교적 편리하게 할 수 있다.

## 프리랜서 권익센터

한국플랫폼프리랜서노동공제회에서는 디자이너뿐 아니라 일러스트레이터, 작가 등 창작자들을 위한 무료 법률 상담소 '프리랜서 권익센터'를 운영하고 있다. 회사에 소속되지 않은 프리랜서라면 디자인, 예술 창작 분야에 종사하지 않아도 누구든 상담받을 수 있고, 불공정 계약에 대한 법률 자문, 미수금 상담 등을 실제 변호사들이 상담해 준다. 해당 센터는 서울 여의도에 있고, 직접 방문이 어려운 경우 온라인으로도 상담 신청이 가능하니 적극적으로 이용해 보기를 권한다.

분쟁 없이 일을 잘 마무리하는 게 최고의 상황이지만, 만일 분쟁 상황이 발생한다면 합법적이고 합리적인 방식으로 문제를 해결하길 바란다. 더 이상 울며 겨자 먹기로 일하지 말고, 똑똑하게 일하자!

- 분쟁조정신청서 및 관련서식, 디자인분쟁조정신청(디자인분쟁조정위원회): drights.kidp.or.kr
- 분쟁조정신청서 작성법 설명 영상:
- 한국플랫폼프리랜서노동공제회: nodonggongje.org

# 알아두면 쓸데 있는 신입사원 소통 지침서

*Useful communication guide for newbies*

열심히 준비해서 이력서 내고 면접 봐서 입사는 했는데 이메일은 어떻게 쓰는지, 전화는 어떻게 받는지, 업무 목적으로 문자나 카카오톡을 보내도 되는 건지, 명함은 어떻게 주고받는지 알려 주는 사람이 없어서 난감한 적 있지 않았나? 만일 이런 난감함을 느껴보지도 않고 '그냥 되는 대로 하면 되는 거지 뭔 지침서까지?' 라고 생각한 사람은 일단 가슴에 손을 얹고 반성해 보자. 다시 한번 이야기하지만, 사회생활은 실전이다.

## 「1」 이메일

이메일은 업무 소통에 있어 가장 공식적이고 효율적인 수단 이다. 따라서 업무상 이메일을 보낼 때는 '효율적인 소통'과 '기록 남기기', 이 두 가지 법칙을 염두에 두면 좋다. 더불어 업무 소통에 있어서 효율성과 정확성뿐만 아니라 상대방을 배려하는 예의도 중요하다는 걸 잊지 말자.

## 제목

보통 처음에는 한눈에 보기 좋게 요약된 제목을 쓰지만, 이메일을 계속 주고받다 보면 'Re'나 'Fw'가 많이 붙어 제목이 길어지고, 이렇게 되면 확인하지 않은 이메일도 이미 봤다고 착각할 수 있다. 업무 실수는 이런 사소한 부분에서 비롯하는 경우가 많기 때문에 사소한 문제로 치부하고 그냥 넘어가지 말고 'Re' 등이 길어져 이메일 내용 파악이 어려워질 경우 제목은 내용에 맞게 수정하는 게 좋다.

**수정 전 예시**

RE: RE> RE: RE: RE: RE: RE: RE: RE: RE> RE: [미니멀리스트] 화장품 패키지 시안 전달 건 v1

**수정 후 예시**

RE:(11) [미니멀리스트] 화장품 패키지 시안 전달 건 v1에 대한 피드백

## 인사

이메일 서두에 회사 이름과 발신자 이름을 반드시 밝혀야 한다. 이메일에는 업무에 관련된 많은 담당자가 참조되어 있기 때문에 서두에 담당자의 이름을 구체적으로 밝히지 않으면 참조된

담당자 모두 '다른 사람이 읽고 회신하겠지'라고 생각할 수 있고, 이는 업무상의 큰 실수로 이어질 수 있다.

> **예시**
>
> 아무개 과장님, 안녕하세요.
> 미니멀리스트의 이원찬입니다.

상대방의 이름 뒤에 직책을 붙였다고 해서 자신의 이름 뒤에도 직책을 붙일 필요는 없다. 오히려 직책을 붙이면 과시하는 것 같아 어색해 보일 수 있다.

> **예시**
>
> 아무개 과장님, 안녕하세요.
> 미니멀리스트 이원찬 상무입니다. (X)
> 미니멀리스트 이원찬입니다. (O)

## 아이스브레이커

아이스브레이커(Icebreaker)는 얼음을 깨는 배인 '쇄빙선'이라는 뜻으로 초면인 사람들 사이의 어색함을 없애기 위한 말이나 행동을 의미하는데, 이메일에서도 이를 적절히 활용할 수 있다.

오랜만에 연락하거나 주말이나 긴 연휴 후 이메일을 보낼 때는
바로 업무 얘기를 꺼내면 딱딱하게 느껴질 수 있기 때문에 인사와
본론 중간에 아이스브레이커가 될 만한 문구를 적어 주는 것이다.

그렇다면 어떤 내용이 좋을까? 동서양을 막론하고 가장 편하고
흔하게 얘기할 수 있는 것은 날씨다. 괜히 친근하게 보이겠다고
유행하는 드라마 얘기 같은 건 하지 말고, 가볍게 날씨 얘기로
분위기를 풀어 보자. 물론 연휴에 관한 문구도 좋다.

**예시**
- 안녕하세요 ㅇㅇ 대리님, 미니멀리스트 이원찬입니다. 오랜만에 연락드립니
  다. 날이 많이 쌀쌀해졌는데 잘 지내고 계셨나요?
- 크리스마스 연휴는 잘 보내셨나요?

당연히 하루에도 몇 번씩 이메일을 주고받는 경우에는 생략
한다. '안녕하세요 대리님, 오늘 아침 온도가 쌀쌀하네요~',
'안녕하세요 대리님, 점심이 되니 날씨가 따뜻한데요?',
'안녕하세요 대리님, 저녁에 비 온대요. 우산 챙기셨나요?'와
같이 말이다(생각만 해도 부담스럽다…).

## 용건 요약

성격 급한 한국인들은 요약을 좋아한다. 그렇기 때문에 업무의 효율을 위해 이메일 서두에 연락한 이유를 두괄식으로 먼저 밝히는 게 좋다. 예를 들어 '프로젝트 계약에 대한 논의 사항이 있어서 연락드렸습니다.'라든가 '요청하신 시안에 대한 피드백입니다.' 등 전할 내용을 이메일 초반부에 먼저 요약해서 알려 주면 효율적으로 일할 수 있다.

앞에서 내용을 요약했다고 해서 뒤에서 본문을 구구절절 적어도 된다는 건 아니다. 만화나 드라마로 〈미생〉을 본 사람들은 기억할지 모르겠다. 선배가 신입에게 긴 메시지를 핵심만 추려서 요약할 것을 지시한 에피소드가 있었다. 물론 그 정도로 머리를 싸매며 고민할 필요는 없지만 글머리 기호를 사용해 단락을 구분 짓거나, 내용이 길어질 경우엔 굵기가 굵은 제목과 함께 번호를 매기거나 불렛포인트(Bullet Point)를 사용하면 복잡한 내용을 한눈에 파악할 수 있어 좋다.

**예시**

1. 계약기간

계약기간은 12월 30일부터 2월 20일까지로 명시되어 있는데 이 부분은….

> 2. 패키지 시안
> 보내 주신 피드백의 버전 3을 보면….
> 3. 미팅 날짜
> 금일 협의된 내용을 통해 미팅 날짜는….

하나의 메일에 많은 내용을 단락 구분이나 번호도 없이 써서 보내면 받는 사람 입장에선 읽기도 전에 생각과 마음이 복잡해질 수 있으며, 더 나아가 이를 통해 업무상 실수가 생길 수 있으니 주의해야 한다. 다시 한번 강조하지만 이메일은 원활하고 효율적인 소통을 위해 사용하는 커뮤니케이션 수단이다. 첫사랑에게 한 글자 한 글자 꾹꾹 눌러 정성 들여 쓰는 연애편지나 인터넷 커뮤니티에 내 팔자 하소연하며 올리는 글이 아님을 명심하자.

## 마무리

이메일을 마무리 지을 땐 항상 '감사합니다.'로 끝낸다. 감사하지 않아도 감사한다고 한다. 개인적으로, 예전에 계약 내용에 대한 이견으로 인해 법적 분쟁 바로 전까지 가는 험악한 상황에서도 이메일의 마지막은 '감사합니다.'로 마무리했던 경험이 있다. 만일 '감사합니다.'라고만 쓰는 게 건조하게 느껴진다면 조금 더 식상하지 않은 문구를 더할 수도 있다.

**예시**

- 평안한 주말 보내세요. 감사합니다.

- 다가오는 구정 새해 복 많이 받으세요. 감사합니다.

- 내일 영하의 날씨라고 하는데 건강 유의하세요~ 다음 주에 뵙겠습니다.

　앞서 얘기한 모든 사항을 적용한 메일은 다음과 같다. 물론 상황이나 상대방에 따라 조금 더 편하게 혹은 더 예의를 갖춰 쓸 수 있다.

**예시**

안녕하세요, 00컴퍼니 김미영 과장님.

미니멀리스트 이원찬입니다.

오늘 유난히 날씨가 쌀쌀하네요. 주말은 잘 보내셨을까요?

빠른 회신 감사합니다.

보내 주신 메일 내용 확인하여 피드백 드립니다.

1. 계약기간

계약기간은 12월 30일부터 2월 20일까지로 명시되어 있는데 이 부분은….

2. 패키지 시안

보내 주신 피드백의 버전 3을 보면….

3. 미팅 날짜

금일 협의된 내용을 통해 미팅 날짜는….

다가오는 새해 복 많이 받으시길 바랍니다.

연휴 끝나고 미팅 때 뵙겠습니다.

감사합니다.

## 서면화와 참조

　이메일 소통의 두 가지 목적인 '효율적인 소통'과 '기록 남기기'를 다시 떠올려보자.

　업무를 하다 보면 사소한 내용에 대해서도 서로 다르게 이해할 수 있고 이에 따라 업무상의 손해가 발생하기도 한다. 업무상의 손해라면 보통 금전적 손해와 연관된 경우가 많아 굉장히 민감한 문제가 아닐 수 없다. 평소에는 관계가 좋고 친한 담당자라도 금전적 손해가 관련된 문제라면 서로 예민해질 수밖에 없는데, 이러한 이유에서 중요한 내용은 전화나 구두로 하지 않고 이메일과 같은 서면(書面)으로 기록을 남기는 것이 필수다(중요한 업무 내용은 통화 녹음을 하는 것도 적극 추천한다). 그리고 이메일을 보낼 때 관련 담당자들을 반드시 참조(CC)해야 한다. 그러면 별도 점검이나 확인 절차 없이도 업무 내용 파악이 가능하다.

## 이메일 관련 용어

이메일은 카톡과 달리 회사 대 회사의 입장으로 소통하는 수단이다. 그러므로 형식과 격식을 갖춰 써야 하는 경우가 많고 또 그렇게 쓰는 것이 미덕으로 느껴지기 때문에 메일을 쓸 때 웬만하면 쓰지 말아야 할 용어를 알고 있는 게 좋다.

### • '고맙습니다.'와 '감사합니다.'

'고맙습니다.' 보다는 '감사합니다.'의 사용을 권하고 싶다. 국립국어원의 설명에 따르면 '고맙습니다.'와 '감사합니다.'는 의미적 차이가 전혀 없고 오히려 고유어인 '고맙습니다.'의 사용을 권장하고 있지만, 사전적 정의와 다르게 현실에서는 미세한 의미 차이로 다르게 느껴질 여지가 있기 때문에 '감사합니다.'를 쓰는 게 일반적이다. 개인적인 경험상 '고맙습니다.'는 나이 차이가 많이 나는 윗사람이 아랫사람에게 쓰는 경우가 많았다.

이 부분에 대해서는 유튜브 영상에서도 많은 의견이 있었지만, 10년 넘는 사회생활 경험을 통해 내가 내린 결론은 아직도 업무상 이메일에는 '감사합니다.'가 더 일반적인 인사라는 것이다.

- **'~ 같습니다.'와 '~라고 생각합니다.'**

보통 이 표현은 책임을 회피하는 느낌을 주고 올바른 주장법이 아니기 때문에 표현을 지양하지만, 이메일에서는 훨씬 부드러운 느낌을 주는 표현으로 많이 사용한다.

> **예시**
> 요청하신 이번 주 화요일은 미팅이 불가합니다. (X)
> 요청하신 이번 주 화요일은 미팅이 불가할 것 같습니다. (O)

- **날짜에 관한 한자어**

> - 작일: 어제
> - 금일: 오늘
> - 명일: 내일
> - 익일: 다음날
> - 차주: 다음 주

국립국어원은 한자어를 순화해서 사용할 것을 권장하고 있고, 직책 명칭의 변화와 영어 호칭 사용, 한자어 순화 등을 통해 우리나라에서도 점점 수평적이고 변화된 업무 문화가 자리 잡아가고 있다. 하지만 그럼에도 개인적인 경험상 아직도 금일, 금주, 차주에 한해서는 날짜에 관한 용어는 한글보다 한자어 사용이 더 많다고 느낀다(작일, 익일, 명일은 제외).

- **'지양'과 '지향'**

'지양'과 '지향'은 발음은 비슷하나 뜻은 완전히 다르기 때문에 사용할 때 주의해야 한다.

표준국어대사전에 따르면 의미는 다음과 같다.

- 지양하다: 더 높은 단계로 오르기 위하여 어떠한 것을 하지 아니하다.
- 지향하다: 어떤 목표로 뜻이 쏠리어 향하다.

**예시**
- 이번 회의 안건에 논의된 것처럼 파란색 사용은 지양했으면 좋겠습니다.
- 헬시 플레저(Healthy Pleasure) 트렌드에 맞춰 운동과 함께하는 건강한 삶을 지향합니다.

- **소구하다**

혹시 '소구하다'라는 말을 들어본 적 있을까? '소구하다'(Appeal)는 광고나 홍보를 통해 자극해 구매 동기를 유발하는 것을 뜻한다. 쉽게 말해 관심을 끄는 것이라고 생각하면 된다.
'소구하다'는 특히 패키지 분야에서 '소구 포인트'라는 용어로
자주 등장한다.

> **예시**
>
> - 채식과 유기농 재료 사용이 소구 포인트가 될 수 있을 것 같은데요.
> - 어떻게 하면 저희가 가진 장점들을 소구할 수 있을까요?

### • 이모티콘

이상하게 말로 하면 괜찮은데 글로 쓰면 너무 딱딱하거나
무미건조하게 들리는 표현들이 있다. 예를 들자면 '잘 지내셨나요.'
가 있다. 그렇다고 물음표를 붙이면 어딘가 모르게 이상하다.
이럴 때는 이모지나 이모티콘을 사용할 수 있다. 여기서 말하는
이모티콘은 카카오톡에서 사용하는 이모티콘과는 다른, 키보드의
특수문자를 사용한 것을 말한다. 보통 캐럿 기호 두 개를 이어 쓴
웃음(^^)이나 콜론과 오른쪽을 향한 소괄호를 조합한 웃음(:))을
많이 쓴다. 메일이 너무 딱딱하고 건조하게 느껴질 때 한두 개씩
사용하면 분위기를 전환하는 데 효과적이다.

하지만 남발하는 것은 금물이다. 모든 문장의 마지막에
이모티콘을 붙이면 장난하는 것처럼 보일 수 있기 때문이다.

업무 메일은 친구와 사담을 나누는 메신저나 인터넷 커뮤니티 게시판이 아님을 다시 한번 기억하자.

## 「2」문자

문자는 이메일보다는 격식적인 성격이 약하지만 메신저보다는 공식적인 성격의 소통 수단이다. 격식의 정도를 나눠보자면, 이메일〉문자〉메신저 순으로 나눌 수 있다. 보통 이메일보다는 답변이 빨랐으면 좋겠지만 전화로 할 정도의 내용은 아닌 경우에 주로 사용한다.

**예시**

아무개 과장님, 안녕하세요. 오늘 9am에 미팅하기로 한 미니멀리스트 이원찬인데요. 혹시 건물에 주차가 가능할까요?
(현재시간 8:10am, 미팅시간 9:00am. 미팅 전 용건이 있으나 업무 시작 전 이른 아침 시간에 전화를 하면 실례일 수 있으므로 이런 상황에서는 전화 대신 문자를 하는 게 좋다.)

연락처, 주소, 명함, 이메일 주소처럼 말로 하는 것보단 서면화된 정보로 보내는 게 편할 때도 문자를 사용할 수 있다. 업무를 하다 보면 연락처를 공유하거나 미팅 장소를 알릴 일 등이 많이 발생하는데, 그런 경우 전화를 사용하면 받아 적기 불편하기 때문에 문자를 사용하면 서로 편하다. 같은 맥락에서 명함 이미지를 문자로 보내는 방법도 추천한다.

## 「3」 메신저

업무에 카카오톡을 사용한다고 하면 경악하는 사람도 있겠지만 의외로 카톡도 정말 많이 쓴다. 그래서 '카톡 지옥'이라는 말도 생겼고, 업무 목적의 단체 카톡방에서 실수하지 않도록 카톡방 배경사진을 별도로 설정하는 경우도 자주 볼 수 있다.

보통 카톡은 다수의 담당자가 동시에 그리고 신속하게 소통해야 하거나 담당자 모두가 진행 상황을 즉각 확인해야 할 때 사용한다. 예를 들어 양산 일정이 빠듯해서 장소를 옮겨 다니며 실시간으로 정보를 주고받아야 하는 경우엔 이메일을 사용하기 힘들기 때문에 단체 카톡방을 통해 업무 상황을 점검하고 필요 정보를 빠르게 주고받을 수 있다. 여러 장의 이미지나 문서 파일을 신속하게 공유해야 할 때에도 카톡을 사용하며, 카톡은 모바일과 PC에서 모두 확인 가능하기에 문자보다 편리하다.

단 카톡의 경우 개인용 메신저로 사용하는 경우가 대다수이고, 사람에 따라 카톡을 통한 소통이 부담스러울 수 있으니 친한 사이가 아니거나 카톡 사용에 대한 사전 양해를 구하지 않은 경우라면 사용하지 않는 게 좋다. 또한 카톡을 사용할 땐 전해야 할 말들을 정리해서 한 통으로 보내는 게 좋다. 인사말을 보내놓고 상대방이 답할 때까지 기다리는 것은 상대방의 입장에선 크게 신경 쓰일 수 있기 때문에 예의에 어긋난다.

▲ 좌: 나쁜 예시/ 우: 좋은 예시

## 「4」전화

전화는 대면 미팅 다음으로 가장 즉각적이고 직접적인 성격을 지닌 소통 방법이다. 때문에 소통의 지연이 없다는 장점도 있지만, 다짜고짜 전화했다가는 의도치 않게 상대방을 곤란하게 하는 상황이 발생할 수 있다. 특히 전화 이외의 소통 수단이 많아진 요즘은 전화공포증(Telephobia, Call Phobia)을 겪는 사람들도 적지 않기 때문에 전화를 걸 때는 신중히 해야 한다.

따라서 문자로 통화 가능한 시간을 먼저 물어보는 것도 방법
이다. 회사마다 출퇴근 시간과 업무 시간, 점심시간이 다르고,
담당자가 용무 중에 있거나 이동하고 있을 수도 있기 때문에 무턱
대고 전화했다가는 담당자의 일과에 방해가 될 수 있다. 특히나
간단한 통화가 아닌 경우에는 문자로 통화가 가능한 시간을 물어
보는 게 필요하다.

**예시**

- 아무개 과장님, 보내 주신 메일에 대해 여쭤볼 게 있어서 그런데 잠시 통화
  가능하실까요?
- 내일 미팅 관련하여 통화 가능하신 시간 알려 주시면 전화드리겠습니다.

이렇게 하면 상대방 역시 ①어떤 내용에 대해 이야기할 것이며,
②대략적으로 통화에 어느 정도의 시간이 필요할지 예상할 수
있어 좋다.

만일 문자로 통화 시간을 정하고 예정된 시간에 통화를 하고 난
뒤 시간이 조금 지나 궁금한 사항이나 논의해야 할 사항이 다시 생긴
다면, 또 문자로 통화 가능 여부를 물어보기보다는 바로 전화를 거는
게 일반적이다. 하지만 반드시 전화를 걸자마자 '혹시 지금 통화
가능하신가요?'라고 상대방에게 물어보자. 혹자는 '통화가 가능하
니까 전화를 받았지 그걸 왜 물어보냐'고 생각할 수도 있지만,

상대방이 이동 중일 수도 있고 곧 회의에 들어가야 하는 상황일 수도 있기 때문에 전화를 받자마자 자신의 용건만 다 이야기한다면 상대방은 곤란해질 수 있다. 상대방이 하루 종일 나의 전화만 기다리고 있는 건 아니라는 걸 기억하자. 전화해서 통화 가능 여부를 물어보면 상대방은 다음과 같이 말해 줄 것이다.

**예시**

- 미팅 중이라 죄송합니다. 제가 다시 연락드릴게요.
- 제가 10분 뒤에 미팅을 들어가야 해서 잠깐은 괜찮습니다. 어떤 일이시죠?
- 네, 괜찮습니다. 편하게 말씀하세요.

## 전화 걸기

전화를 걸고 다짜고짜 '아무개 부장님 바꿔 주실래요?'라고 하는 건 무례하다. 당신이 누구인 줄 알고, 무슨 용건으로 전화한 줄 알고 바꿔 줄까? 때문에 전화를 걸면 자신이 어느 소속이고 이름은 무엇인지 밝히는 게 기본이다. 대표번호만 있는 경우는 물론이고 담당자의 내선 번호가 있어서 내가 찾던 담당자가 전화를 받을 확률이 높다고 하더라도 어느 부서의 아무개 님과 통화할 수 있는지 물어보는 게 필수다. 용건을 밝히는 것도 잊지 말자.

전화를 받은 사람이 내가 찾던 담당자라면 자연스럽게 통화하면 되고, 부재중이라면 전화를 받은 직원에게 내용 전달을 부탁하면 된다.

물론 담당자의 개인 연락처를 안다면 문자나 이메일로 용건을 미리 전달해 놓는 것도 좋다.

## 전화 받기

그렇다면 전화를 받을 때는 어떻게 하는 게 좋을까? 전화를 건 사람이 자신을 밝히고 용건을 이야기할 수도 있지만, 다짜고짜 사람을 찾는 경우도 있다. 이런 경우에 상대방이 찾는 사람이 없다고 해서 '아니요. 없는데요. 끊을게요~.'하고 끊을 순 없다 (상상만 해도 어지럽다).

만일 상대방이 다른 담당자를 찾는데 담당자가 자리를 비운 상태라면 상대방의 용건과 신상을 확인한 후 다른 담당자에게 해당 내용을 전달해 주면 된다. 만일 자리에 있다면 '잠시만요.' 라는 말과 함께 해당 담당자에게 전화를 받을 수 있는 상황인지 물어본 후 전화를 연결해 주면 된다.

> **예시**
> - (발신자에게) 혹시 어느 부서의 어느 분을 찾는다고 전달해 드리면 될까요?
> - (옆에 있는 담당자에게) 아무개 과장님, 미니멀리스트 이원찬 과장이 이번 발주 관련해서 통화하고 싶다는데 지금 통화 가능하세요?
> - (발신자에게) 지금 과장님이 부재중이신데 다시 전화를 드리라고 하거나 메시지를 전달해 드릴까요?

자기 용건이 끝났다고 덜컥 전화를 바로 끊는 것도 예의에 어긋난다. 마지막 인사 후 2~3초 정도 있다가 전화를 끊는 게 좋다.

이 모든 소통 수단을 사용할 때 기억해야 할 대전제는 '업무 시간 외에 연락하지 않는 것'이다. 긴급상황인 경우에야 어쩔 수 없지만, 웬만하면 전화〉 문자〉 카톡 순으로 업무 시간 외에는 연락을 삼가는 게 좋다(이메일은 발신 시간이 크게 중요하지 않다).

요즘은 업무 시간을 자율적으로 조정할 수 있게 하는 회사도 많아서 정해진 업무 시간이 모두 다르지만, 통상적으로는 오전 9시부터 오후 6시를 업무 시간으로 본다(디자인 회사의 업무 시간은 오전 10시부터 오후 7시가 일반적이다). 따라서 업무 개시 전인 9시 전이나 퇴근 이후의 시간인 6시 이후에 전화하는 건 일반적인 상황에서 굉장한 실례다. 주말도 마찬가지다. 전화뿐만 아니라 문자나 카톡 역시 상대 담당자와 친분이 없거나 상호 간의 사전 이해가 충분하지 않은 이상 하지 않는 게 좋다. 이건 신입사원보다는 더 직책이 높은 분들이 주의하면 좋겠다.

보고 계시죠, 팀장님, 부장님, 대표님들. 업무 시간 외에, 특히 주말에 전화 좀 자제해 주세요. 네?

## 「5」 명함

### 명함을 교환할 때

명함을 주고받는 건 사회인으로서 할 수 있는 가장 기본적인 첫인사 방식이다. 처음 누군가를 만날 경우, 인사를 나누면 누가 먼저라 할 것 없이 자연스럽게 명함을 서로 주고받으면 된다.

조금 더 격식을 차리자면, 다수가 명함을 주고받을 때 순서를 중요시하는 사람들도 있다. 가까이 있는 사람들 먼저 명함을 주고받아도 되지만, 가장 높은 직책의 사람들끼리 명함을 주고받은 뒤에 순서대로 주고받기도 한다.

### 명함을 줄 때

명함을 주는 방법이라고 하면 그냥 손으로 준다고만 생각할 수 있지만, 그보다 조금 더 자세하게 알아야 한다. 우선 공손하게 두 손으로 주는 것은 당연하다. 신경 써야 할 것은 '명함의 방향'이다. 명함을 줄 때 상대방이 받자마자 내 이름을 확인할 수 있는 방향으로, 명함을 주는 사람의 입장에선 명함이 거꾸로 보이게 주면 된다. 세로로 된 명함도 마찬가지다. 핵심은 상대방이 명함을 요리조리 돌리지 않고 나의 이름을 바로 확인할 수 있도록 배려하며 전달하는 것이다.

명함을 줄 때 가벼운 인사와 이름만 말하면 충분하다. 명함에 나에 대한 모든 정보가 기재되어 있기 때문에 굳이 직책까지 밝힐 필요는 없다.

▲ 좌: 나쁜 예시/ 우: 좋은 예시

## 명함을 받을 때

명함을 받자마자 무턱대고 주머니에 넣거나 책상에 내팽개치는 것은 실례다. 명함을 받은 후에는 상대방의 이름과 직책, 부서가 무엇인지 간략하게 확인한 후 앉은 순서에 맞춰 책상에 두면 된다.

주머니나 지갑이 아닌 책상에 명함을 두는 것에는 중요한 이유가 있는데, 미팅에 다수가 참여한 경우엔 참여자들의 이름을 모두 기억하기 어렵기 때문에 상대방이 앉은 순서대로 명함을 놓으면 대화에 도움이 된다. 상대방의 이름과 직책을 제대로 불러주는 것도 예의다. 내 앞에 앉은 담당자 이름이 기억 안 난다고 해서 '저기…', 혹은 '그쪽'이라고 부를 수는 없지 않겠는가?

이런 일이 복잡하고 귀찮게 느껴질 수도 있지만, 사회생활의 기본은 예의와 매너이다. 무엇보다 내가 이런 일련의 과정들이 불필요하고 형식적으로 느껴진다고 상대방도 똑같이 느낄 거라고 생각하는 것은 큰 착각이다.

## 미팅이 끝난 후

미팅 후에는 받은 명함들은 전화부에 저장하는 습관을 들이는 게 좋다. 명함의 정보를 일일이 입력하는 것도 일이기 때문에 애플리케이션을 사용해 명함을 정리하고 관리하는 것을 추천한다. 명함을 관리할 수 있는 여러 애플리케이션이 있지만, 개인적으로는 '리멤버'[36]를 추천한다. 카메라로 명함을 찍기만 하면 명함에 있는 모든 정보를 자동으로 입력한다. 또한 해당 애플리케이션을 통해 명함이나 연락처를 편하고 신속하게 공유할 수 있다(혹시나 해서 하는 말이지만 절대 광고 아니다).

---

[36] rememberapp.co.kr

## 명함을 보관하는 방법

회사에서 업무용 다이어리를 제공하는 경우에 다이어리 안쪽에 자신의 명함을 수납하여 가지고 다니는 경우도 많이 봤다. 꺼내기도 좋고 잃어버릴 염려가 없어 편리하다.

만일 회사 다이어리가 없거나, 다이어리가 있어도 명함을 보관할 공간이 없다면 명함 지갑을 장만하는 것을 추천한다. 명함을 꺼낼 때 두꺼운 지갑에서 주섬주섬 꺼내며 개인 영수증이나 카드를 다 보이는 것과 명함 지갑에서 깔끔하게 꺼내는 것에는 큰 차이가 있다. 명함 지갑이 괜히 있는 게 아니다.

## 명함이 부족할 때

다수로 미팅하는 경우가 많으면 명함을 넉넉히 챙겨와도 부족할 때가 있다. 혹은 실수로 아예 놓고 오는 경우도 있다. 다른 사람들은 서로 인사하며 명함을 주고받는데 혼자만 명함이 없는 상황이 반복되면 당황스러운 것은 물론, 신뢰감까지 잃을 수 있다.

그래서 나는 명함 지갑에 내 명함과 더불어 팀원들의 명함도 여분으로 갖고 다닌다. 반대로 팀원들에게도 나의 명함을 여분으로 3~4장씩 갖고 다녀달라고 부탁한다. 그러면 함께 미팅에 간 팀원이 명함이 없어 당황할 때 내가 챙겨온 명함을 쓱 건네

주는 센스를 발휘할 수 있고, 내 명함이 부족할 때도 도움을 받을 수 있다.

## 퇴사할 때

사회생활을 하다 보면 퇴사하는 순간은 분명히 온다. 그때 자기가 쓰던 자리와 물건을 정리하는 것은 기본 중의 기본이다. 근데 간혹 다른 건 다 챙기고 명함만은 그대로 두고 가는 경우가 있다. 회사에서 준 명함이기 때문에 남은 명함을 놓고 가는 것 같은데, 컴퓨터나 모니터는 다시 쓸 수 있어도 내가 쓰던 명함은 다른 사람이 쓸 수 없다. 그렇기에 명함을 놓고 가는 것은 자신의 쓰레기를 다른 누군가에게 치우라고 하는 것과 다를 게 없다. 무엇보다 명함은 회사에서 나의 정체성을 드러내는 가장 기본적인 수단이라 퇴사 때 명함을 두고 가는 것은 다른 의미로도 잘못된 행동이며 사회생활의 매너가 부족한 것이다. 회사 밖에서 명함을 버리든 태우든 어떻게 해도 상관은 없지만 퇴사 시에는 반드시 챙겨가야 한다.

더 이상 함께하고 싶지 않은 회사를 떠나면서도 그런 예의를 차려야 하나 싶을 수 있지만, 디자인 업계는 여러분이 생각하는 것보다 훨씬 더 좁다. 그리고 예의를 차리는 건 비단 디자인 업계가 좁기 때문만은 아니다. 과정이 어찌 됐든 좋게 마무리하고 나오는 것은 무엇보다 나에게 좋은 일이다. 상대방에게 예의를 갖추지 못한다면 누가 나를 존중해 주려 하겠나? 매너는 상대방을 위한 것이기도 하지만 나의 가치를 지키고 성장시키기 위한 것임을 꼭 명심하자.

# 디자인 실무 용어집[37]

*Wordbook of design field terms*

## 「1」 초급

### 디벨롭(Develop)

현재의 시안에서 디자인을 더 완성도 있게 발전시키는 것을 의미한다.

> **예시**
>
> 클라이언트: B 시안에서 모던하면서도 조금 더 고풍스럽고, 화려하면서도 심플하게, 엣지 있게 디벨롭 가능하죠?

### 바리(Variation)

줄임말을 좋아하는 민족답게 짧게 줄여서 '바리'라고 부른다.

---

[37] 공식 발음표기가 아닌, 필드에서 실제 사용하는 발음을 기준으로 한다.

한 가지 시안에서 형태, 색상, 타이포그래피 등을 조금씩 다르게
해서 다양한 버전으로 만드는 것을 의미한다. 디벨롭은 하나의
버전을 완성도 있게 끌고 나가는 것을 의미한다면, 바리는 하나의
콘셉트에서 시안과 컬러 등을 다양한 버전으로 보여주는 것을
뜻한다.

**예시**

클라이언트: A 시안 밝으면서도 어둡게, 중후하면서도 화사하게 컬러 바리
부탁드립니다.

## 목업(Mockup)

디지털 데이터로서의 디자인을 실제 양산품이나 서비스와 같게
모형으로 만들어 보는 것을 뜻한다. 시각 디자인이나 UI, UX 디자
인에서는 평면적인 디자인이 아닌 종이나 패키지, 상자, 스마트폰
같은 목업에 얹혀 주는 디지털 목업을 의미하고, 제품 및 패키지
디자인에서는 실물 모형을 제작하는 것을 뜻한다. 용도에 따라
소프트 목업, 디자인 목업, 워킹(Working) 목업으로 나뉜다.

## 오파시티(Opacity)

디자인 대상이 얼마나 투명하게 보이느냐를 뜻한다. 100%를 기준으로 값이 낮을수록 투명해지며 0%가 되면 보이지 않는다.

## 오브젝트(Object)

디자인에 사용된 요소나 특정 부분을 의미한다. 종종 같은 의미의 프랑스어인 '오브제'(Objet)로 발음하기도 한다.

## 아이데이션(Ideation)

추상적인 개념이나 생각을 상상하거나 관념하는 것을 의미한다. 보통 디자인 프로세스의 초기에 이루어지며 시각화 과정 전에 하는 작업이다.

## 썸네일(Thumbnail)

화면이나 디자인의 전체적인 레이아웃을 볼 수 있도록 페이지 전체를 작게 띄우거나 줄인 것을 의미한다. 우리가 자주 보는 유튜브 영상의 대표 이미지나 쇼핑몰 웹사이트에서 여러 제품을 한눈에 볼 수 있도록 한 것도 썸네일에 해당한다. '썸네일 스케치'는 디자인을 작고 간단하게 시각화한 스케치를 의미한다.

## 레이아웃(Layout)

이미지나 텍스트 등의 디자인 요소의 배치를 의미한다. 레이아웃이 잘됐다는 것은 디자인 요소가 조화롭고 사용자가 보기 편하게 배열됐음을 의미한다.

## 콘셉트(Concept)

콘셉트는 디자인에서 매우 다양한 의미로 사용된다. 양산과 반대되는 의미로 아직 만들어지지 않은 디자인이나 제안을 하는 것을 디자인 콘셉트라고 하고, 시각적 콘셉트라고 하면 컬러나 타이포그래피 형태 같은 것들을 어떠한 방향으로 갈지 방향성을 잡는 것을 의미한다.

## 어레인지(Arrange)

회의나 미팅, 업무적인 만남의 장소나 시간 따위를 정하는 것을 의미한다.

# 「2」 중급

## 가시성(Legibility), 가독성(Readability)

가시성은 글자가 눈에 띄는 정도, 즉 한 글자가 다른 글자와 구별되는 것에 관한 것으로 식별과 인지에 초점을 맞춘다. 반면 가독성은 글자를 읽기 쉬운 정도에 관한 것이며, 시각과 지각 (Perception)에 초점을 맞춘다.[38]

판독성이라고도 하는 가시성은 활자 자체가 어떻게 보이는가, 즉 조형적인 측면으로의 폰트의 모양이나 대소문자, 굵기 등 형태적인 부분과 연관된다. 반면 가독성은 글 전체가 얼마나 잘 읽히느냐 안 읽히느냐에 대한 것으로, 단어 전체의 간격(가로) 인 트래킹(Tracking, 자간), 글자 하나하나의 간격(가로)인 커닝 (Kerning, 자간), 줄 사이의 간격(세로)인 레딩(Leading, 행간) 으로 나뉜다.

# Legibility / Legibility

▲ 좌: 높은 가시성/ 우: 낮은 가시성

---

[38] 서체에 대한 보다 깊이 있는 탐구를 원한다면 제이 벤 리버맨(J. Ben Lieberman)의 《Types of type-faces and how to recognize them》을 읽어보길 권한다.

Readability:
How to survive as a
designer in Korea

Readability:
How to survive
as a designer
in Korea

▲ 좌: 높은 가독성/ 우: 낮은 가독성

▲ 트래킹, 레딩, 커닝

## 그리드(Grid)

디자인 요소인 이미지, 텍스트 등이 어떤 식으로 레이아웃,
즉 배치되어야 하는지에 대한 가이드를 의미한다. 그리드는
세부적으로 콘텐츠 전체의 영역을 나눠주는 마진(Margin)과
세로선 기준으로 일정하게 영역을 나누는 컬럼(Column),
그리고 컬럼과 컬럼 사이의 간격인 거터(Gutter) 등으로 다시
나뉜다.

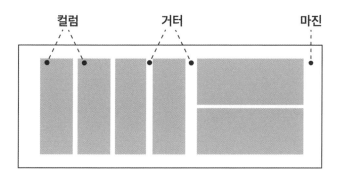

## 베다, 뻬다(べた)

배경 전체 혹은 모서리 끝까지 인쇄하는 것을 의미한다. 전체, 전면을 뜻하는 일본어 'べた'에서 유래되었다고 추정된다. 인쇄 용어 중에선 아직도 일본어가 많이 사용되고 있다.

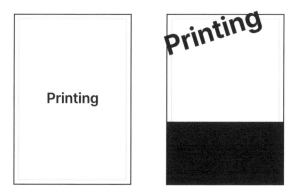

▲ 좌: 일반 인쇄/ 우: 베다 인쇄

## 누끼(ぬき)

'빼다', '제외하다'라는 뜻의 일본에서 유래된 말로, 인물이나 사물을 이미지에서 분리하는 것을 의미한다. 보통 '누끼를 딴다'라고 표현한다.

▲ 누끼 딴 인물 사진. 체커 보드 같은 배경은 투명 배경을 나타낸다.

## 시인성(Visibility)

모양이나 색과 같은 디자인 요소가 눈에 얼마나 잘 띄느냐를 뜻한다. 색의 명도 차이가 클수록 시인성이 높다.

▲ 좌: 낮은 시인성/ 우: 높은 시인성

## 소구하다(Appeal)

주로 마케팅 용어로 사용되며 소비자가 어떠한 행동을 일으키게끔 하는 것을 의미한다. '소구 포인트'라고도 사용되며, 사람들이 제품을 구매할 만한 욕구가 나오도록 강조하는 것이라고 생각하면 쉽다.

## 스토리텔링(Storytelling)

사용자(소비자)에게 디자인을 소구할 때 단순히 형태적인 것과 기능적인 것으로만 하는 것이 아닌, 디자인에 담긴 이야기를 풀어내 사용자로 하여금 디자인에 대한 가치와 차별성을 느끼게 하는 전략을 의미한다. 오늘날 스토리텔링이 없는 디자인은 껍데기에 불과하다 할 정도로 그 중요성은 매우 대단하다.

## 계층구조(Hierarchy)

디자인을 이루는 각 요소의 계급을 나타낸 것으로 중요도의 순서를 나타낸다. 모든 디자인은 사용자가 어떤 것을 먼저 보게 하고 어떤 것을 나중에 보게 할지, 어떤 것을 더 중요하게 생각 하고 어떤 것을 덜 중요하게 생각하게 할지에 대한 명확한 의도와 시스템을 갖춰야 한다. 보통은 형태나 크기, 색상 등을 통해 중요도를 구분 짓는다. 디자인 분야를 막론하고 계층구조는 항상 중요하지만, 특히 텍스트나 이미지를 주로 다루는 편집 디자인에서 큰 부분을 차지한다.

## 「3」 고급[39]

### 대외비(對外祕)

대하다는 의미의 '대', 외부를 뜻하는 '외', 그리고 비밀을 뜻하 는 '비'. 즉 외부에 대해 비밀로 하는 것을 의미하는 대외비는 보통 프로젝트 개시 이전의 업무를 논의할 때 사용한다. 정식 계약을 맺기 전이라 법적으로 반드시 지켜야 하는 사항은 아니지만 신나 게 비밀을 떠들고 다니다간 업계에서 매장을 당할 수 있다. 서로를

---

[39] 고급 용어들은 단어의 표면적 해석이 아닌 깊은 의미를 내포한, 진짜 실무에 관한 용어들이다.

배려하고 업계의 상도덕을 지키는 차원에서 중요한 개념이다.

## 제안요청서(RFP, Request For Proposal)

프로젝트의 개요나 목적, 간략한 내용을 담은 문서로 낙찰될 업체를 고르기 위해 사용한다. 보통의 제안 요청은 견적을 요구하지만, 간혹 계약 전에 시안을 요구하는 경우(비딩, 피치[40])도 있으니 조심하자. 요즘은 견적요청서(RFQ, Request For Quotation)를 보내는 것이 일반적이다. 물론 이 문서에도 RFP와 같이 프로젝트 진행에 필요한 개요나 목적, 타임라인 같은 자세한 정보들이 들어있는 것은 마찬가지다. 이와는 별개로 정보요청서(RFI, Request For Information)도 있다.

## 품의(稟議)

'상사에게 여쭙고 논의하다'라는 뜻으로, 더 쉬운 말로는 '일이 가능한지 결재를 받는다'는 의미다. 모든 프로젝트의 진행 여부는 팀이나 회사 내의 의사결정자에 의해 정해지기에 무슨 일을 하든 의사결정권을 가진 사람의 허락이 필요하다.

---

[40] Pitch. 영화, 광고, 티비 프로그램 제작을 위한 프레젠테이션으로 비딩과 같은 의미를 가진다.

## 결재(決裁), 결제(決濟)

정말 많은 사람이 결재와 결제를 혼동한다. 결재는 승인한다는 뜻으로 품의와 함께 자주 쓰인다. 품의를 올려 결재를 받으면 일을 진행해도 된다는 의미다. 반면 결제는 돈을 지불하거나 대금을 처리한다는 뜻이다.

즉, 팀장님께 허락을 맡고 업체에 대금을 지불했냐는 말이다.

## 녹이다: 예산을 다른 부분으로 편성하다

A에 대해 받아야 할 예산을 B에 더해 편성한다는 뜻이다.

모든 프로젝트가 애초에 계획한 대로 진행되는 것은 아니기 때문에 일이 늘어나고 그에 따라 비용도 추가적으로 발생할 수 있다. 이런 경우 금액의 크기를 떠나 품의를 받아야 한다. 하지만 이런 일이 반복되면 클라이언트는 디자이너의 실력을 의심하게 되고, 디자이너 입장에선 계속 공짜로 일을 해 줄 수도 없으니 난감해진다. 바로 이런 경우에 받아야 할 돈을 다른 프로젝트나 다른 항목에 얹혀 녹인다(예산을 편성한다).

> **예시**
>
> 과장님, 이번에 목업 제작 추가된 거, 추가 품의 올리기 애매해서요…. 다음 제작 건 때 녹이면 안 될까요?

## "저희가 지금은… 하지만 나중에…."

> **예시**
>
> "대표님, 저희가 스타트업이라 예산이 많이 편성되어 있지 않고…."
> "저희가 나중에 유명해지면 대표님 포트폴리오에 좋지 않을까요?"

디자인에 올바른 대가를 지불할 돈은 없지만 좋은 디자인을 바랄 때 하는 전형적인 감언이설 즉, 디자이너들을 유혹하는 말이다. 이 말이 나올 수 있는 이유는 보통 프로젝트에 대한 설명 이후 마지막에 돈 얘기를 하기 때문이다. 솔직하게 예산이 부족하니 금액을 조정해 달라고 하면 이해하겠지만, 돌려 말하며 손 안 대고 코 풀려 하려는 건 참기 힘들다.

## 핏(Fit): 상황에 맞다, 어울리다

'사람이나 일이 상황에 맞다, 잘 동화되다'라는 의미다. 보통 업무 진행 가능 여부를 가늠할 때 자주 사용한다.

> **예시**
>
> 그동안 프로젝트를 보니 저희 브랜드의 방향성과 핏이 잘 맞을 것 같아서 연락드렸습니다.

## 월요일: 아, 나는 모르겠고.

일주일의 가장 첫 번째 날을 지칭하는 말이지만, 디자인 업계에서는 대환장 파티를 예고하는 단어다. 디자이너에게는 주말이 없다고 생각하는 무례한 클라이언트들이 주로 금요일에 연락을 주고는 월요일까지 해 달라고 한다.

> **예시**
>
> 클라이언트: 대리님, 너무 죄송한데요. 저희 피드백 지금 회의 끝나고 방금 막 나왔는데 이거 수정해서 보낼 수 있으실까요? 월요일까지요.

## 어?: 큰일

일상생활에서 '어?'는 감탄사나 의문사로 사용되지만 디자이너가 있는 공간에서의 '어?'는 다른 두 가지 의미를 지닌다.

첫째, 날아갔다. 미련하게 컴퓨터를 믿고 있다가 파일이 다 날아갔다는 소리다. 어디선가 이 소리가 들리면 다른 디자이너들은 괜찮냐는 안부를 묻기 전에 '컨트롤+S'부터 누르고 본다(이건 생존을 위한 본능이다). 둘째, 나의 재량으로는 해결 불가능한 일이니 일을 해결해 줄 수 있는 상사를 찾는 소리이기도 하다.

**예시**

나: 어?

상사: 또…?

### 저… 발주한 파일 확인했는데요.: 문제 발생

클라이언트가 보낼 수 있는 최악의 메시지 중 하나다. 보통 이런 말은 카톡으로 오는 경우가 많다. 운이 좋으면 수정에서 그치지만 운이 나쁘면 재발주해야 한다. 즉, 금전적인 손해를 야기할 수 있는 끔찍한 말이다. 디지털과 다르게 인쇄나 제작 기반에서는 발주 파일을 한 번 보내면 되돌릴 수 없기 때문에 발주는 신중하게 확인하고 또 확인하고 또, 또, 또 확인해야 한다.

**예시**

클라이언트: 대리님, 발주한 파일 확인했는데요…. 왜 수정 사항이 반영 안 돼 있죠?

실제로 이 문장은 디자이너에겐 가장 끔찍한 문장이다. 상상만 해도 머릿속이 하얘진다.

## 최종: 아직 멀었음

일반적으로 최종이란 말은 일을 끝맺을 때 하는 말이지만, 디자인에서 최종은 이제 본격적으로 작업이 시작됨을 알리는 말이다. 최종이라는 파일명에 '시발'이 추가되면 비로소 발주에 가까워졌다고 생각하면 된다.

# 영감은 어디서 어떻게 찾아요?

*How to get inspired*

## 자연스럽게

디자인과 관련된 공간이나 전시, 지역에 가 보는 것을 추천한다. 영감과 트렌드는 공부를 통해 자연스럽게 얻어지는 것이지, 억지로 찾아내서 주입하는 방법은 추천하지 않는다. 그 공간에 내가 녹아 들고 그 공간이 내 안에 스며드는 것이 정말 중요하다. 생각해 보면 이 과정은 흡사 언어를 배우는 것과 같다. 우리가 미국에 가려는 이유가 뭘까? 한국에 있다고 영어를 못 배우는 것도 아닌데. 그건 바로 배우고자 하는 언어의 환경에 나를 100% 노출하기 위해서다.

비슷한 맥락에서, 디자이너들만 모이는 모임에 정기적으로 참여 하는 것도 영감을 얻는 데 큰 도움이 된다. 디자이너가 모인 곳에선 자연스럽게 디자인 트렌드나 영감, 동기부여 등 디자인에 관한 이야기가 오갈 수밖에 없다. 내향적인 성향을 이유로 디자이너들의 모임에 나가지 않는다면 너무나 아쉬운 일이다. 용기를 내서 꼭 모임에 나가 보길 추천한다.

## 꾸준히

새로운 프로젝트가 시작되면 그 분야에 대해 서둘러 조사하고 아이디어를 얻으려 노력하지만 사실 이것만으로 충분히 좋은 결과물을 만들긴 어렵다. 언제든 좋은 결과물을 만들 수 있는 준비된 디자이너가 되기 위해선 꾸준한 탐구와 조사가 필요하다. 습관화된 영감 섭취는 창의적인 아이디어를 생각하고 새로운 관점을 제시하는 데 큰 도움이 된다.

이전에 언급한 것처럼, 직접 밖으로 나가서 보고 느끼는 것이 자신만의 디자인 세계를 구축하는 데 큰 도움이 된다. 그러나 시간과 장소에 구애받지 않고 편리하게 영감을 얻을 수 있는 관련 리소스 역시 큰 도움이 된다.

내가 평소에 유용하게 참고하는 사이트들을 적어봤다.

• **Creative Bloq(creativebloq.com)**

Creative Bloq는 유명 디자인 잡지인 컴퓨터 아트 매거진 (Computer Arts Magazine)에서 운영하는 디자인 예술 블로그다. 코로나로 인해 25년의 긴 역사를 자랑하던 컴퓨터 아트 매거진은 2020년도에 아쉽게도 폐간되었지만, 다행스럽게도 블로그는 계속

운영 중이다. 학교에서도 가르쳐 주지 않는 유용한 정보들이 많이
있으니 꼭 찾아보길 바란다.

• Google Design(design.google)

전 세계, 모든 분야에서 가장 뛰어난 디자이너와 기획자, 개발
자들이 모여 직접 작성한 오리지널 콘텐츠를 발행하며, 디자인계의
각종 소식, 인터뷰, 트렌드 등 다양한 이야기를 다룬다.

• Colossal(thisiscolossal.com)

순수 미술과 공예를 주로 다룬다. 해당 사이트에 소개된 작가와
디자이너는 업계에서도 큰 주목을 받는다.

• FONTS IN USE(fontsinuse.com)

폰트는 실제로 어떻게 쓰였는지 보기 전까지는 좋은 서체인지
나쁜 서체인지, 나한테 맞는 서체인지 알기 어렵다. 이럴 때 FONTS
IN USE에 올라온 실제 작업 이미지를 보면 이런 어려움을 해결할
수 있다. 우리나라에서는 폰트를 구독해서 사용하기도 하지만
외국의 경우엔 구매하는 경우가 많아 폰트 사용에 신중해지기
때문에 해당 사이트를 참고하면 큰 도움이 된다.

- **SAVEE(savee.it)**

  디자이너를 위한 핀터레스트라고 생각하면 이해하기 쉽다.
구글과 핀터레스트보다는 감각적이고 완성도가 높다.

- **Type Wolf(typewolf.com)**

  개인이 운영하는 타이포그래피 블로그임에도 오랜 시간 동안
꾸준히 업데이트되어 현재는 정말 많은 정보가 쌓여있다. 서체를
추천해 주기도 하고, 대용해서 사용할 만한 서체에 대해 알려주기도
한다. 이외에도 서체 사용 예시 소개, 구매 방법, 관련 교육 등
서체에 대한 풍부한 정보를 제공한다. Type Wolf에 올라온 사이
트에 한 번씩만 방문해도 타이포그래피 전문가가 될 수 있지 않을
까 싶을 정도이니 전공자들과 관련 실무자들은 무조건 참고하길.

- **The Dieline(thedieline.com)**

  다이라인(Dieline)은 패키지를 디자인할 때 만드는 칼선을 의미
한다. The Dieline은 이름의 의미에 맞게 패키지에 특화된 정보
들을 소개하고, 디자인 어워드를 운영할 정도로 규모가 크다.
참고로 자랑은 아니지만 The Dieline에 우리 스튜디오 작품도
몇 번 소개된 적이 있다.

- MINIMALISSIMO(minimalissimo.com)

    말 그대로 미니멀리즘(Minimalism)을 추구한 제품, 가구, 건축, 인테리어 등 다양한 분야를 소개한다. UI도 이름에 걸맞게 군더더기 없이 깔끔한 것을 보면 웹사이트 자체로도 미니멀리즘을 실천하고 있음을 알 수 있다.

- My Life Catalog(emfreer.com)와 Trend List(trendlist.org)

    실험적인 그래픽 디자인과 시각 디자인을 주로 다룬다.

- Visuelle(visuelle.co.uk)

    그래픽 디자인과 제품 디자인 위주로 큐레이팅하고 소개한다.

- Archdaily(archdaily.com)

    건축 디자인 관련 프로젝트, 이미지, 제품, 전문가 등 건축 디자인에 관한 여러 정보를 다룬다.

    그 외도 유튜브나 인스타그램을 통해서 유용한 정보를 빠르고 쉽게 접할 수 있다. 해외 계정 역시 눈여겨보도록 하자.

# 계약서 관련 용어 알아보기[41]

## *Contract Terminology*

1   **저작재산권자(저작권자):** 창작물을 만든 사람(=디자이너 본인).

2   **저작물:** 창작물.

3   **저작재산권 사용자:** 협업 회사 또는 클라이언트. 사업자가 있는 경우 회사명
    을 사용하고, 사업자가 없는 개인은 본명을 사용한다.

4   **배타적 발행권 설정계약:** 독점적으로 저작물을 사용할 권리의 계약을
    설정하는 것.

5   **제호:** 제목.

6   **부가가치세:** 사업자등록증이 있는 경우 세금계산서를 발행하면 10%의
    부가세가 추가됨.

7   **복제:** 저작물을 인쇄물, 촬영, 복사, 녹음으로 다시 제작하는 것.

8   **전송:** 저작물을 공중이 볼 수 있도록 제공하는 것.

9   **도화:** 그림.

10  **공중:** 다수의 사람들.

11  **배포:** 공중에게 무료로 저작물을 주거나 대여하는 것.

12  **발행:** 공중에게 저작물을 복제하거나 배포하는 것.

13  **배타적 발행권:** 독점적으로 저작물을 복제, 전송, 발행할 권리.

14  **2차적 저작물:** 저작물을 변형하여 작성한 저작물 굿즈, 포스터, 인형 등.

---

[41] 표준국어대사전을 참고 및 인용함.

15 **완전 원고:** 저작물을 복제, 배포하기 위한 jpg, ai, PDF 파일 등.

16 **중첩:** 겹치다, 중복되다.

17 **말소:** 기록된 사실을 삭제해서 없애다.

18 **증빙:** 신빙성 있는 증거.

19 **양도:** 남에게 넘겨주다.

20 **존속:** 계속됨.

21 **서면:** 내용을 적은 문서.

22 **인도:** 권리를 넘겨주다.

23 **서면 동의:** 문서로 남겨진 동의.

24 **저작인격권:** 저작자의 명예와 인격을 보호하기 위한 권리.

25 **채무자:** 빚을 갚아야 하는 사람.

26 **질권:** 채무자가 돈을 갚을 때까지 채권자가 담보물을 간직할 수 있고, 채무자가 돈을 갚지 아니할 때에는 그것으로 우선 변제를 받을 수 있는 권리.

27 **해지:** 계약의 법적 효과를 말소하다.

28 **교부:** 내어주다, 물건을 인도하다.

29 **약정 기간:** 계약 내 협의된 기간.

30 **천재지변:** 지진, 홍수, 태풍 따위의 자연 현상으로 인한 재앙.

31 **불가항력:** 사람의 힘으로는 저항할 수 없는 힘.

32 **면제:** 책임이나 의무 따위를 면하여 주다.

33 **초상:** 사진, 그림 따위에 나타낸 사람의 얼굴이나 모습.

34 **이견:** 어떠한 의견에 대한 서로 다른 의견.

# 현직 디자이너가 추천하는 무료 폰트 사이트

*Free font sites recommended by designer Wonchan Lee*

'마음에 드는 무료 서체를 찾기 어려운데 괜찮은 무료 서체는 도대체 어디서 찾을 수 있을까?' '나는 프리랜서 디자이너라서 저렇게 비싼 폰트들을 다 살 여력이 없는데….' '쟤는 어디서 저렇게 괜찮은 무료 서체들을 구했지?'

이렇게 생각하고 있는 디자이너들은 주목! 15년 차 현직 디자이너도 애용하고 있는 무료 폰트 사이트를 참고해 보시길.

- freefaces.gallery
- losttype.com
- fontsquirrel.com
- fonts.google.com
- type-department.com
- freefonts.io
- befonts.com
- fontesk.com

- dafont.com
- noonnu.cc (국문)

무료 폰트라고 모든 목적에 무료로 사용할 수 있는 것은 아니다. 개인적 목적(Personal Use)이 라고 명시된 폰트들은 해당 폰트를 사용한 디자인이 상업적인 이윤을 취하지 않을 때 사용 가능하다는 것을 의미한다. 즉, 개인적인 용도로만 사용할 수 있다는 것이고 주로 포트폴리오나 가상의 프로젝트가 이에 해당된다.

상업적 목적이라고 해도 용도에 따라 사용을 구분하는 경우가 있다. 이 폰트의 상업적 이용 범위가 출판, 패키지, 제품, 영상, 자막, 로고, OFL[42] 등 어디까지 허용이 가능한지 반드시 확인하고 사용하기 바란다.

이외에도 무료 폰트 사이트는 아니지만 전 세계에서 가장 많은 유료 폰트를 보유하고 있는 마이폰트(myfonts.com)도 추천한다.

---

[42] Open Font License. 폰트 파일을 다운로드하여 모든 상업적 목적으로 사용할 수 있을 뿐만 아니라 수정, 복제는 물론 배포까지 가능한 라이선스를 의미한다.

# To. 클라이언트

*To. Client*

- 당신의 금요일과 우리의 금요일은 다르지 않아요. 금요일 오후에 '월요일 아침까지 보내주세요.'라는 말은 토요일, 일요일 이틀의 시간을 주는 게 아니랍니다.

- 용역업체, 하청업체 말고 '협력사'라는 좋은 말이 있어요.

- 제발 급하면 미리미리 연락하세요. '당장 다음 주에 나와야 하는데….'라고 말하며 저를 지그시 쳐다본다 해도 마법이 일어나진 않는답니다.

- 우리 말고 다른 곳이랑 일할 수 있어요. 충분히 이해해요. 하지만 시간 내서 미팅하고 견적서까지 보냈으면 다른 업체랑 진행하게 되었다고 연락하는 게 예의랍니다.

- 우리 공짜로 돈 받는 거 아니에요. 받은 만큼 일해 주는 거잖아요.

- 여러분의 사비가 아니라 회삿돈이에요. 아니, 설령 내 돈이라도 이런 태도로 하대하시면 안 되죠. 돈 줬다고 당신 '부하'가 되는 게 아니잖아요. 우리 나중에, 어디서 어떻게 마주칠지 몰라요.

- 우리의 전문성을 믿어 주세요.

- 화장실 들어올 때와 나갈 때 기분 다르다는 건 알지만, 일이 끝났는데 잔금은 주셔야죠.

- 계약서가 필요 없다는 건 도대체 누구를 위한 거죠?

- 로고 디자인을 의뢰하는데 패키지는 왜 안 해 주나요. 계약서에 협의된 일만 하는 게 기본 상식이랍니다.

- 선택되지 않는 시안은 디자이너에게 귀속되는 거예요.

- 디자인을 '보고 나서' 할지 말지 결정한다고요? 음식점 가서 음식 다 먹고 내 입에 안 맞는다고 돈 안 내고 나오실 건가요? 그건 무전취식이에요.

- "크몽에서는 2만 원에 해 주던데…." 네, 제발 크몽 가세요.

- 시안 발표 자리는 디자인에 대해 뭐라도 하나 트집 잡아서 대표님한테 잘 보이는 자리가 아니에요. 정치한다고 최선의 결과물이 나오지 않아요.

- 모니터로 보는 색이랑 인쇄물 색이랑 왜 다르냐니요. CMYK랑 RGB는 애초에 같은 컬러가 나올 수가 없어요. 그건 그냥 불가능한 겁니다.

- 싸고, 예쁘고, 빠른 고품질의 디자인은 없어요. 그것도 그냥 불가능한 거예요.

# 에필로그
## 디자인과 디자이너의 미래

"디자이너는 앞으로 어떻게 살아야 하나요?"

유튜브와 인스타그램, 사석에서 수없이 받는 질문입니다. 시각, 제품, 영상, 패션 등 분야를 막론하고 디자이너로 살아남기 위해 이 세 가지를 꼭 명심하면 좋겠습니다.

### 모션과 영상

"사용자는 더 이상 움직이지 않는 것에 반응하지 않는다."

기회가 있을 때마다 강조하는 말입니다. 불과 몇 년 전까지만 해도 우리는 텍스트를 통해 정보를 받아들였습니다. 검색 엔진 서비스와 블로그를 통해 크게 성장한 네이버가 이를 방증하죠. 하지만 이제는 '텍스트'가 아닌 '영상'을 통해 정보를 습득합니다. 맛집을 찾거나 전자제품을 비교할 때도 글이 아닌 영상을 통한 검색에 더 익숙해졌습니다. 유튜브와 인스타그램을 비롯한 모든 거대 플랫폼에서 '숏폼'(Short-Form) 콘텐츠를 적극적으로 장려하는 것을 보면 영상을 통한 정보 습득은 거스를 수 없는 트렌드가 되었습니다.

디자인 분야도 마찬가지입니다. 어떤 프로젝트든, 디자인은 움직여야 합니다. UI, UX와 같은 분야는 물론, BX(Branding Experience), 심지어 정지된 결과물인 패키지 디자인을 보여 줄 때도 이미지는 '움직여야' 합니다. 때문에 모션과 영상을 다루는 기술 역시 분야와 관계없이 모든 디자이너가 기본적으로 갖춰야 할 역량이 되었습니다.

## 브랜드화

매해 1만 명이 넘는 디자이너들이 세상에 '쏟아져' 나오고 있습니다. 그렇기에 단지 기술이 뛰어나거나 결과물을 멋지게 만드는 것만으로는 좋은 디자이너로서 인정받기 매우 어렵습니다. 더군다나 오늘날은 유튜브와 여러 플랫폼을 통해 디자인과 관련된 무료 교육과 양질의 정보를 누구나 받고 얻을 수 있는 세상이기 때문에 디자인의 장벽은 나날이 낮아지고 있고 업계는 전반적으로 상향 평준화되었습니다.

자, 그렇다면 이제 디자이너들도 '나'라는 사람을 브랜드화하여 보여 줘야 합니다. 프리랜서든 아니든 상관없이 다른 디자이너들과 차별화된 모습으로 클라이언트에게, 미래의 고용주에게 나를 효과적으로 '소구해야' 합니다. 인스타그램도 좋고 유튜브도 좋습니다. 어떤 채널이든 플랫폼이든 내 작품을 꾸준히 보여주고 '나'라는 디자이너가 어떠한 색깔을 가졌는지 지속적으로 알려 주세요. 꾸준한 노력을 통해 인정받으면 기업에서 '알아서' 여러분을 모셔 갑니다. 비핸스 프로젝트를 보고 연락해 국내 최고의 빅테크 기업에 입사한 경우를 보았고, 저 역시도 유튜브와 인스타그램을 통해 프로젝트 의뢰는 물론 다양한 기회를 만나고 있습니다.

## AI의 활용

오픈AI(OpenAI)의 GPT-1이 2018년도에 세상으로 나온 후 AI의 발전은 점점 가속화되어 이 시대를 살아가는 우리에게 인공지능이란 뗄 수 없는 존재가 되었습니다. 가장 적게, 그리고 가장 늦게 AI의 영향을 받을 것 같았던 예술 분야, 그중에서도 디자인 분야에 AI는 미드저니(Midjourney), 스테이블 디퓨전(Stable Diffusion), 파이어플라이(Firefly)는 물론 최근에는 동영상 생성을 통해 세상을 깜짝 놀라게 했던 소라(Sora) 등과 함께 이미 현장 깊숙이 자리 잡았습니다.

실제로 단순 보정, 채우기 등의 기본적인 업무 수행이나 참고 이미지로 사용되는 정도를 넘어 이제는 화장품, 식품, 의류 등 실제 상업 프로젝트에 AI가 생성한 결과물이 그대로 사용되고 있는 시대입니다. 어떤 디자인 분야가 되었든 AI를 활용한 이미지와 영상은 디자인을 함에 있어 단순한 선택지를 넘은 필수사항이 될 것입니다. '구글 검색 능력'과 같이 AI 결과물을 생성하기 위한 '프롬프트 입력 능력'이 중요한 시대가 도래했으며, 업계에 막 발을 디딘 주니어 디자이너든 경험이 풍부한 시니어 디자이너든 AI를 활용하지 못하면 업계에서 살아남기 힘들 것입니다.

혹자는 최근 업계에 대해 AI의 발전은 디자인 산업을 송두리째 바꿔놓는 것도 모자라 디자이너의 '밥그릇'을 빼앗고 있다고 호소합니다. 과연 그럴까요?

저 역시 AI의 등장으로 디자이너의 입지가 매우 좁아지지는 않을까 걱정했던 적이 있었습니다. 하지만 AI 서비스에 대한 협업 영상을 제작하기도 하고 담당자들과 의견을 나눠보고 실무에 AI를 사용해 보니 생각이 완전히 바뀌게 되었습니다. AI 기술의 발전은 디자인 업계에 오히려 매우 긍정적인 결과를 가져다줄 것입니다.

첫째, AI는 그동안 시간과 인력, 비용의 제한으로 인한 상상 구현의 장벽을 단숨에 허물었습니다. 다수의 디자이너가 몇 날 며칠을 붙어서 해내야만 했던 분량의 결과물을 단 몇 초 만에 만들어냅니다. 그렇다면 디자이너의 자리가 없어지는 거 아니냐고요? AI로 인해 오히려 디자이너들은 더욱더 창의적이고 기발한 작업에 몰두할 수 있습니다. 애초에 디자이너는 포토샵만 만지는 툴러가 아닙니다. 디자인의 본질인 '문제 해결'을 위한 사고에 집중하는 본래 역할에 충실하게 되는 것입니다.

둘째, 우리 디자이너에게도 시간과 비용 절감은 큰 장점입니다. 기획, 사진작가, 스타일리스트, 모델 섭외, 촬영 장소, 촬영 장비, 후보정 등 원하는 이미지를 구현하기 위한 일련의 과정들을 AI를 통해 대체할 수 있습니다. 이제는 내가 원하는 이미지를 찾기 위해 한참 스톡사이트를 찾을 필요도, 그 이미지 사용을 위해 막대한 비용을 지출할 필요도 없어졌습니다.

셋째, 첫 번째 이유와도 이어지는데, AI의 등장으로 인해 툴만 다룰 줄 아는 '껍데기 디자이너'가 사라지고 '진짜 디자이너'들만 살아남을 수 있는 환경이 조성될 것입니다. 학원 몇 개월만 다니고서 '디자이너'로 대우받고 인정받고 평생을 먹고 살기를 바라는 사람들이 있는데요. 고작 그 정도의 시간을 투자해서 습득할 수 있는 기술과 지식이라면 디자인은 애초에 전문 분야가 아닐 것입니다.

디자인 분야의 경쟁? 현재 과도할 정도로 심한 것이 맞습니다. 여러 가지 이유가 있지만 '낮은 진입 장벽'도 한 가지 이유인데,

이처럼 프로그램 조금 만진다고 누구나 '디자이너'라고 하니
소비자, 클라이언트 입장에서는 3, 4개월 학원에 다녀서 만들 수
있는 결과물에 큰 가치를 부여하거나 높은 비용을 지불할 필요가
없습니다. AI의 등장으로 이런 간단한 업무 등은 프롬프트 입력을
통해 디자인을 배우지 않고도 만들어낼 수 있는 세상이 되었습니다.
이에 따라 깊은 사고와 폭넓은 연구 등을 통해 진짜 전문가만이
할 수 있는 영역으로 디자이너라는 직업의 정의와 역할이 바뀌게
될 것입니다. 그렇게 되면 자연스레 디자인 업계의 장벽은 높아질
것이고 덩달아 디자인과 디자이너에 대한 가치는 올라가게 될
것입니다.

저는 디자이너가 AI를 사용한다는 것은 '똑똑한 부사수'
를 두는 것과 같다고 생각합니다. 이미지 보정, 합성, 벡터화,
시각적 요소 창작 등 오랜 시간이 걸렸던 단순한 작업은 이제
여러분의 듬직한 부사수, AI에게 맡기세요.


여러분은 문제 해결에만 집중하시면 됩니다. 더 많이 생각하고,
더 많이 고민하고, 더 많이 경험해 보는 시간을 즐기세요. 그것이
'진짜 디자이너의 역할'이니까요.

디자인 안에서 항상 행복하시길 바라며, 여러분 모두 필드에서 만날 날을 기다리고 있겠습니다.

# Thank you
감사의 말

　제 생각을 담은 책을 집필하는 것은 디자이너로서, 더 크게는 제 인생에 있어 꼭 이루고 싶은 목표 중 하나였습니다. 좋은 기회로 버킷리스트를 이룰 수 있게 된 것은 비단 저 혼자만의 힘으로 이룰 수 없던 일이었습니다. 이 자리를 빌려 감사 인사를 드립니다.

　먼저, 이 책을 읽으신 디자이너분들. 여러분이 없었다면 저는 '디고디원찬'이란 이름으로 콘텐츠를 만들지도, 또 이렇게 책을 낼 수도 없었을 것입니다. "디자인계에 디고디원찬 같은 선배가 있어서 든든하다."라는 말이 얼마나 감사하고 힘이 되는지 모르실 겁니다. 여러분 덕분에 저는 오늘도 꿋꿋

하게 콘텐츠를 만들고 있습니다. 디자이너와 창작자를 대신해 목소리를 내는 동료로서, 선배로서, 후배로서 앞으로도 지금처럼 꾸준히 나아가겠습니다.

바쁘신 와중에도 추천사를 부탁드렸을 때 흔쾌히 응해 주신 감사한 동료 디자이너, 작가님들이 계십니다.

존코바 님과 마디아 님은 제가 디자인을 주제로 콘텐츠를 만들 수 있는 동기를 부여해 주심과 동시에, 존재만으로도 든든한 동료 크리에이터입니다. 두 분이 디자인계에 끼치신 선한 영향력을 따라 저 역시 그 길을 함께 걸어가겠습니다. 긴 시간 팬으로서 그리고 동료 창작자로서 알고 지낸 일러스트레이터 빨간고래 님, 감사합니다. 오랜 시간 동안 자신의 일을 사랑하며 살아가는 동료가 있다는 사실만으로도 얼마나 큰 힘이 되는지 모르실 거예요. 좋은 기회로 알게 된 디자이너 박영하 선배님, 멋진 커리어에 겸손하고 긍정적인 태도까지. 진정 '멋진' 디자이너가 무엇인지 알게 되었습니다. 항상 힘이 되는 응원의 말도 감사합니다. 그리고 이제는 가족이라고 해도 될 짝꿍 윤화 형! 아마 한국에서 내가 사업자 내고 가장 잘한 일은 디자인 서바이벌 프로그램에 나가서 형을 알게 된 일일 거예요. 항상 동료로서, 형으로서 어떤 길을 나아가야 하는지 몸소 보여 줘서 존경하고 감사합니다.

더 좋은 디자이너로서 모범을 보여야겠다는 생각을 놓지 않은 건 저와 함께한 천 명이 넘는 계원예술대학교 학생분들 덕분이었습니다. 10년이라는 시간 동안 여러분과 함께한 시간은 디자이너로서 제가 더욱 노력하고 발전할 수 있는 원동력이었습니다. 감사하고, 보고 싶습니다, 여러분. 물심양면으로 도와주신 디미디 교수님들에게도 감사의 말씀 전합니다.

열정으로 똘똘 뭉친 우리 DIAD 수강생분들! 바쁜 주말 개인 시간을 쪼개어 수업을 듣는 여러분의 초롱초롱한 눈빛을 보면 저 역시 많이 배우고, 더 열심히 해야겠다 생각하며 스스로를 채찍질하게 됩니다. 저를 넘어서는 여러분들의 모습을 보는 게 얼마나 떨리면서도 뿌듯한지 모르실 거예요.

자주 만나지는 못하지만 정신적인 고향인 K디자인 식구들도 고맙습니다. 우리, 이 소중한 인연 길고 오래 이어나가요!

부족한 콘텐츠가 멋진 책으로 태어날 수 있게 해 주신 북엔드 최현수 대표님과 윤성민 편집장님, 그리고 누구보다도 꼼꼼히 책을 만들고 다듬어 주신 이유진 편집자님께도 감사의 인사를 드립니다.


그리고, 항상 주변에서 저를 걱정해 주고 응원해 주는 우리

가족들.

　나의 분신 같은 엄마, 소녀 같은 우리 엄마. 오래오래 아들 옆에서 오손도손 살아요 우리. 든든한 조력자이자 평생을 함께할 내 파트너 이은영! 물심양면으로 도와준 덕분에 이렇게 책을 낼 수 있었습니다. 감사하고 사랑하고 고마워요. 세상에서 가장 사랑하는 우리 딸 해장님, 이아린. 아빠가 너무너무 아끼고 사랑해. 아린이와 함께하는 모든 순간이 아빠에게는 인생의 이유이자 목적, 과정이자 목표야.

　마지막으로, 이 책이 세상에 나온 것을 그 누구보다도 기뻐했을 우리 아버지. 가장 존경하고 가장 보고 싶은 아버지께 이 책을 전합니다.

# 대한민국에서 디자이너로 살기:
# 사수는 알려주지 않는 디자이너 생존법

초판 1쇄    **2024년 6월 26일**
초판 3쇄    **2024년 11월 15일**

지은이      **이원찬**
발행인      **최현수**
편집장      **윤성민**
기획 및 책임편집    **이유진**
편집        **윤성민**
표지 및 본문 디자인    **미니멀리스트**

브랜드      **북엔드**
본사        대전광역시 서구 둔산로 63, 403-539호
전화        0507-1367-3454      팩스      0505-300-3454
홈페이지    bookend.tech
이메일      info@bookend.tech
인스타그램   instagram.com/bookend.tech

ISBN        979-11-976013-3-0(13650)
발행처      (주)도서출판 북엔드
등록        2021년 9월 15일 제 2021-000047호

○ 북엔드는 북테크 스타트업 '북엔드'의 지식교양서 브랜드입니다.

○ 가격은 뒤표지에 있습니다. 잘못된 책은 구입하신 곳에서 바꿔드립니다.